賢人の思想活用術

Masaru Sato Haruhiko Shiratori Atsuo Ueda
Hitoshi Ogawa Hiroyuki Honda

ドラッカー、ニーチェ、親鸞、アメリカ現代思想……。仕事・人生の本質を見抜く力を養え!

佐藤　優
Masaru Sato
白取春彦
Haruhiko Shiratori
上田惇生
Atsuo Ueda
小川仁志
Hitoshi Ogawa
本多弘之
Hiroyuki Honda

Essential Tips for Surviving Modern Business
What You Should Think, Plan and Do to Become Successful

幻冬舎

思想は、毒にもなれば薬にもなる。さまざまな思想に触れ《自分の軸》を明確にしよう。

元外務官僚

佐藤　優

● 今を生きるヒントは、過去の思想の中にある➡P18
● 日本人の思想の基本は、「農本主義」にあり！➡P20
● 人を見極めるときにも“思想”が役立つ！➡P26
● 思想を学ぶために最初に読むべきは中学と高校の教科書だ！➡P34

ニーチェは言った。「神」=「これまで絶対的だと思われていたあらゆる固定観念」を破壊し、新たな価値観を創造せよ、と。

●脱皮しない蛇は破滅する。昨日までの自分を否定し新しい自分を目指そう➡P40
●「超人」とは昨日までの自分を超えて、気高く生きようとする人のことである➡P40
●安定なんて幻想だ。人も組織も腐らせる➡P46
●疲れたら寝る。体調が悪いときに良い考えは浮かばない➡P54

作家 **白取春彦**

● 新しいテーマを見つけ、集中的に勉強せよ➡P66
● 誰でも失敗する。失敗が続くからこそ、挑戦し続けることが大事➡P72
● 時間のマネジメントは「何に時間をとられているか」を明確にすることからはじまる➡P78
● 不得手なことの改善に時間を使ってはならない。無能を並にするのは、一流を超一流にするよりもはるかに困難だ➡P82

ドラッカー学会学術顧問・ものつくり大学名誉教授・立命館大学客員教授

上田惇生

自分の行為に満足はない。
責任があるだけである。
常に不満を持ち、よりよく行おうとする欲求を持ち続けよう。

知識は実践するための道具にすぎない――。
アメリカ人のものの考え方や行動規範に影響を与えた
プラグマティズムの思想は、「問題発見」に欠かせない。

徳山工業高等専門学校准教授・
哲学者・哲学カフェ主宰

小川仁志

- 「保守か、リベラルか」の単純な二項対立では何事も解決できない。第３のベクトルを導入して論点を整理せよ➡P100
- イノベーションを生みだす「5D」のスキルを身につけよ➡P104
- 会議は相手をねじ伏せる場ではない。人の話をよく聞き、さまざまな意見を元に「合意」を探ろう➡P114
- 「対立したら優位なほうが引く」。これが多文化主義の時代のグローバルなルールだ➡P122

● 未来の自分を決めるのは今の自分だ。過去に執着せず、未来を見据えよう➡P136
● 短所も欠陥もある自分を肯定し、ありのままの自分を受け入れることがすべての出発点になる ➡P138
●「執着する心」が自分を苦しめる。大事なのは執着や欲望に心を支配されないことだ➡P146
●「自力」へのこだわりがなく、「他力」を頼むことに抵抗のない悪人こそ、むしろ救済される➡P154

本多弘之

親鸞仏教センター所長・本龍寺住職

自己を徹底的に、そして正直に見つめ続けた親鸞。未来ではなく、「現在」を不安なく慈悲の光の中で生きることに重点を置いたその思想は、現代人の魂を揺さぶり続ける。

賢人の思想
活用術

contents

賢人の言葉…1

第1章 現代人よ、今こそ思想を身につけよ！……10

元外務官僚 佐藤 優

Study 1 普段当たり前だと思っていることが思想である…12
Study 2 人は、自分の思想に気づきにくい…14
Study 3 さまざまな思想に触れ、自分を客観視する…16
Study 4 今を生きるヒントは、過去の思想の中にある…18
Study 5 日本人の思想の基本は、「農本主義」…20
Study 6 思想とお金は、密接に関係している…22
Study 7 物事の本質を見抜く力を養う…24
Study 8 人を見極めるときにも〝思想〟が役立つ…26
Study 9 あえて思想を捨て、インテリジェンスを磨く…28
Study 10 思想は毒にもなれば薬にもなる…30
Study 11 思想を変えるのは、悪いことではない…32
Study 12 思想を学ぶために読むべきは教科書…34

第2章

ニーチェの言葉から、明るく前向きな生き方を学ぶ……36

作家 白取春彦

Study 1 世間の常識や価値観にとらわれるな!…38
Study 2 自分を信じるな、信念を疑え!…40
Study 3 自由を目指して楽になろう…42
Study 4 孤独は君をダメにする…44
Study 5 安定志向は人も組織も腐らせる…46
Study 6 他者との関係に善悪を持ち込まない…48
Study 7 人間の成長には悪や毒が必要…50
Study 8 あるべき現実などない、今この現実を生きよ…52
Study 9 悩んだら食べる、疲れたら寝る…54
Study 10 何歳になっても理想を捨てるな…56
Study 11 求めるものは、自分の中にある…58
Study 12 自分を尊敬することから始めよう…60

第3章

ドラッカーに学ぶ 自己実現のためのマネジメントの心得……62

ドラッカー学会学術顧問・ものつくり大学名誉教授・立命館大学客員教授 上田惇生

Study 1 現代を代表する知の巨人の秘密…64
Study 2 集中的に勉強せよ…66
Study 3 人生を運命づける読書…68
Study 4 時間厳守の重要性を叩き込まれる…70
Study 5 失敗しても、挑戦を続けよ…72
Study 6 自分の行為に常に不満を持て…74
Study 7 実践的な能力は生まれつきの才能ではない…76
Study 8 時間を奪う非生産的な要求を退ける…78

Study 9 新しい仕事には新しいやり方を…80
Study 10 不得手なことの改善に時間を使うな…82
Study 11 どちらでもない解決法を思いつく…84
Study 12 自分の長所を他の人に聞く…86
Study 13 優先順位を決定せよ…88
Study 14 二者択一は視野が狭くなる…90
Study 15 成果がなければ、温かな会話や感情も無意味…92
Study 16 人は真剣な人間のまわりに集まる…94

第4章 アメリカの現代思想を通じて「自由」と「平等」のあり方を学べ

アメリカの現代思想を通じて「自由」と「平等」のあり方を学べ……96

徳山工業高等専門学校准教授・哲学者・哲学カフェ主宰 小川仁志

Study 1 プラグマティズムは「問題発見力」…98
Study 2 キューブ式論点整理法…100
Study 3 思考を行動に移す「問題解決力」…102
Study 4 イノベーションを生む5つのステップ…104
Study 5 「上部・下部構造モデル」で本質を見抜く…106
Study 6 対立や矛盾を解消する「弁証法モデル」…108
Study 7 局面を明確にする「トライアングルモデル」…110
Study 8 プラグマティックな任務遂行力…112
Study 9 話し合いでは「結論」ではなく「合意」を探れ…114
Study 10 専門的なことを誰にでも理解できるように話す…116
Study 11 リーダーシップの効果的な発揮法…118
Study 12 会社と社員の正しいあり方を考えよう…120
Study 13 グローバル人材になるための交渉術…122
Study 14 企業倫理のあり方とは？…124

第5章

親鸞《しんらん》の教えに学び、より良い「生」を手に入れる……126

親鸞仏教センター所長・本龍寺住職　本多弘之

Study 1　親鸞の思想の本質は何か…128
Study 2　時と場所によってルールや価値観は異なる…130
Study 3　いろいろ手をつけず、ひとつのことに集中する…132
Study 4　重要な問題解決には、まとまった時間を投入せよ…134
Study 5　過去に執着せず、未来を見据えよう…136
Study 6　ありのままの自分を受け入れよう…138
Study 7　生涯の師やメンター（導き手・助言者）を見つけよう…140
Study 8　自分への過度の信頼を捨てよう…142
Study 9　自尊心が強すぎると人間関係がうまくいかない…144
Study 10　「執着する心」が自分を苦しめ、悩ませる…146
Study 11　善人とは「煩悩を離れた人」、悪人とは「煩悩にまみれた人」…148
Study 12　現実に背を向けず、苦しみを直視せよ…150
Study 13　大胆にイノベーションに取り組め…152
Study 14　「悪人こそが救われる」という大逆転の発想…154
Study 15　ピンチをチャンスに変えよ…156

参考文献…159

●装丁
石川直美（カメガイ デザイン オフィス）

●デザイン・DTP
高橋秀哉（高橋デザイン事務所）

●図版・図版イラスト
高橋芳枝・高橋枝里（高橋デザイン事務所）

●イラスト
青木宣人

●協力
佐野勝大（第1章）
谷田俊太郎（第2章）
岡林秀明（第3章・第5章）
ボブ内藤（第4章）

●編集協力
有限会社ヴュー企画（西澤直人、池上直哉）

●佐藤優氏撮影
布川航太

●編集
鈴木恵美（幻冬舎）

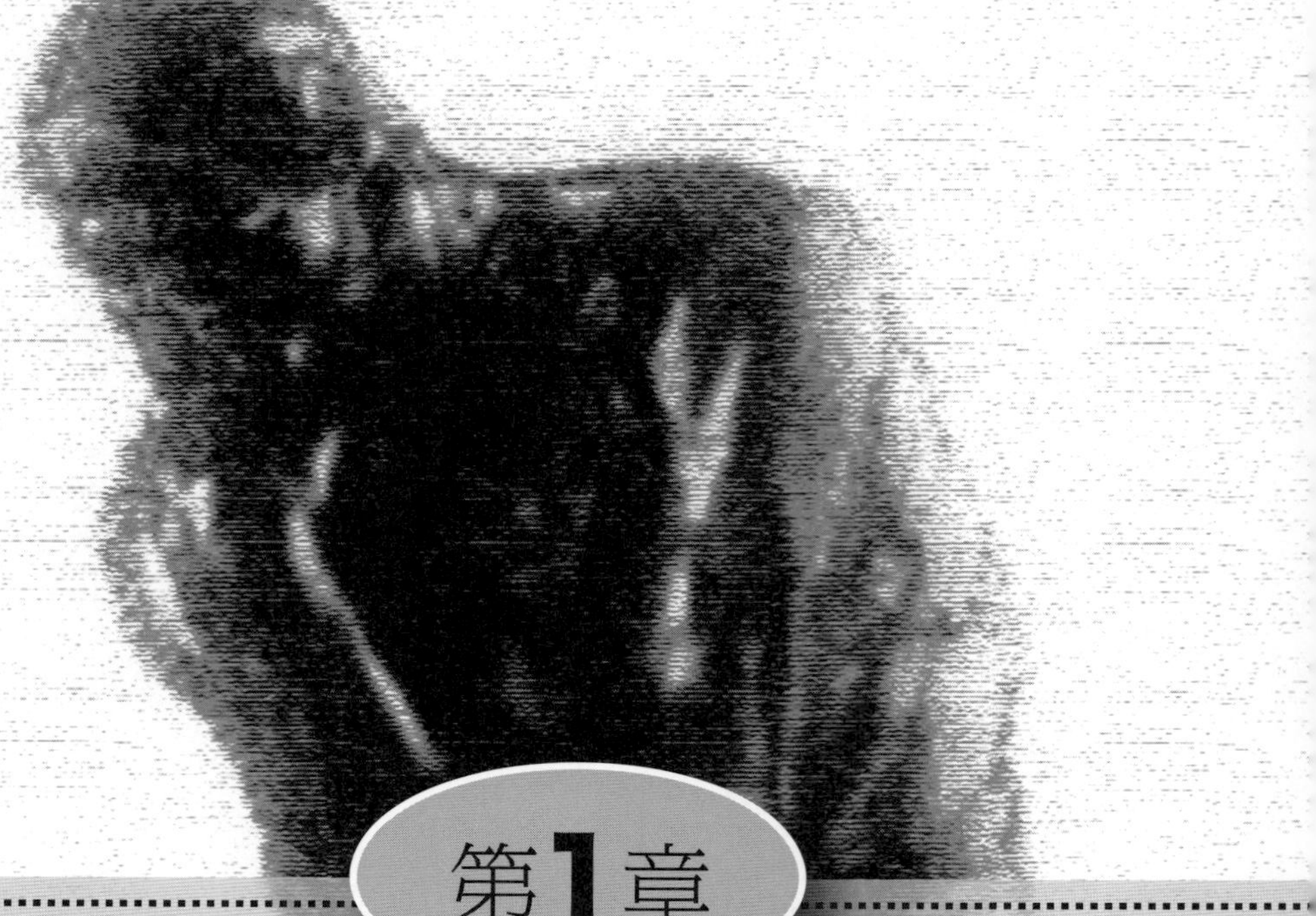

第1章

現代人よ、今こそ思想を身につけよ!

佐藤 優（さとう　まさる）
元外務官僚

ますます早く、複雑に変化し続ける現代社会。
いまだかつて、経験したことのない
領域に足を踏み入れようとしている**現代人**は、
偉人たちの「**思想**」をいかに
血肉化していくべきなのか。

Profile

1960年東京都出身。同志社大学大学院神学研究科を修了し、1985年にノンキャリアの専門職員として外務省に入省する。イギリスの陸軍語学学校でロシア語を学んだ後、モスクワの日本国大使館や東京の外務省国際情報局に勤務。2002年、背任と偽計業務妨害の容疑で逮捕される。無罪を主張して争うも、2009年に有罪が確定。この逮捕劇を「国策捜査」として描いた『国家の罠ー外務省のラスプーチンと呼ばれて』(新潮社)が毎日出版文化賞特別賞を受賞。さらに『自壊する帝国』(新潮社)が、新潮ドキュメント賞、大宅壮一ノンフィクション賞を受賞した。現在は、作家としての創作活動のほか、外交・安全保障問題やインテリジェンス、思想、勉強法の分野などでも精力的に活動中。

Study 1

思想は、何も特別なものではない

普段当たり前だと思っていることが思想である

心の中にある気持ちや考えも思想の一種

思想という言葉を聞いて、あなたは何を思い浮かべるだろうか。資本主義や社会主義といったイデオロギーを連想する人もいるだろう。仏教やキリスト教といった、宗教を想像する人もいるかもしれない。また、護憲や反戦を訴える運動をイメージする人もいるのではないだろうか。もちろん、それらも思想の一種である。けれども思想は、そういった特殊なものだけを指すのではない。

実は、落ちている1万円札を見て「欲しい」と思う気持ちや、会社に勤めていて「出世したい」と思う気持ちも思想のひとつ。つまり、**私たちが普段何気なく思ったり考えたりしていることは、すべて思想なのである**。その事実を知れば、一見難しそうなこのテーマを身近に感じることができるだろう。

思想と対抗思想の違い

思想

ごく自然に心の中に芽生える、感情や考え方のこと。自覚がないため、それが思想であることに気づきにくい。

私たちが通常思想だと思っているものは、実は「対抗思想」であることがほとんど。本来、思想は私たちの心の中にある気持ちや考えのことなのである。

対抗思想

自然に心の中に芽生える思想とは違い、意識的に心の中に想起する感情や考え方のこと。

Column

1万円札とただの紙切れの違いはどこに?

道端に1万円札が落ちていても、猫は反応しません。けれども、私たち人間はどうでしょう? たいていの人は、「あっ、1万円だ!」と反応してしまうはず。そして、交番に届けるか猫ババするかは別として、その1万円札を拾おうとするのではないでしょうか。

1万円札は、ただの紙切れに過ぎません。けれども私たちは、それを拾おうとする。なぜなら猫と違って、お金の価値を知っているから。だから落ちている1万円札を目にして、「交番に届けなきゃ」「誰も見てないからもらっちゃえ」などと考えるわけです。

そこに存在しているのは、「交番に届けよう」「猫ババしてやろう」というふたつの思想。どちらの思想を持っているかは人それぞれですが、私たちは瞬時にそういったことを頭に思い浮かべます。

一方、お金の価値など知らない猫はそんなふうには考えませんよね。猫が反応しないことに、私たちが何らかの反応を示すとき。そこには、何かしら〝思想の力〟が働いていると思って間違いありません。「そもそも思想とは何なのか?」「自分の思想はどういうものか?」を知るときの、わかりやすい判断材料になるでしょう。

Study 2

心の中にある思想は、無意識の産物

人は、自分の思想に気づきにくい

自分の思想に気づきにくい理由

思想 ＝ 無意識に心の中に芽生えるもの

＝

そう思うのは当たり前のこと

＝

空気のような存在

↓

自分の思想に気づきにくい

無意識＝思想

思想というのは、無意識のうちに思ったり感じたりしていること。だから私たちにとって、そのように思ったり感じたりすることは、当たり前のことだといえる。意識していないだけに、それが自分の思想だとは気づきにくい。

Column

身体に染みついた思想は矯正するのが難しい

一般的に、自分で意識して行っていることであれば、それを矯正するのは比較的簡単なことです。「あっ、これだとマズいな」と気づいた段階で、考えを改めればいいだけのこと。

ところが、自分が無意識に行っていることを矯正するとなると、非常に難しい。なぜなら、本人にとってそれは当たり前の考え方や行動だからです。自分が当たり前だと思っていることに対して、いちいち「いいか、悪いか」「正

思想というのは、空気のような存在

思想とは、普段私たちが当たり前のように思っていることや感じていることとそのものである。ところが私たちは、自分の思想になかなか気づかない。そもそも思想とは意識的なものではなく、無意識のうちに思ったり感じたりしていることだからだ。

落ちている1万円札を見て「欲しい」と思うまでのプロセスを論理的に考える人など、そうはいないだろう。つまり、**思想というのは空気のようなもの**だといってよい。だからこそ、実にわかりにくい存在なのである。

私たちは、空気がないと生きていけないように、思想がなくては生きていくことができない。20年間生きてきたなら20年分の思想が、30年間生きてきたなら30年分の思想が、自分の身体に染みついているといえる。

しいか、間違っているか」を考えるなんてことはあまりないでしょう。

たとえば、「子どもをいい学校に入れて、一流企業に就職させて……」と考えている教育ママがいるとします。そのような思想を持つ人に、「終身雇用が崩れた現在、一流企業というだけでは……」などと力説したところで無駄。無意識のうちにそう思っているのですから、考えを変えさせるのは困難です。周囲からの押しつけではなく、自分で気づいてもらうしかない。ただ、無意識であるがゆえに、それを意識させるのは簡単ではありません。けれどもいろいろな思想に触れることで、子どもをいい学校やいい会社に入れることだけが成功への近道ではない、ということに気づくかもしれないのです。

Study 3

自分の思想を知るためには、思想を学ぶことが大事

さまざまな思想に触れ、自分を客観視する

自分の思想を知る＝〝自分の軸〟を見つけること

ビジネスで成功するための秘訣のひとつとしてよく言われるものに、「**自分を客観視する**」というのがある。第三者の立場から自分の言動を観ることで、公平な目で自身を評価できるようになるというわけだ。では、自分を客観視するためには、どうすればいいか。その第一歩は、自分の思想を知ること。つまり、普段自分がどういう考えや価値観にとらわれているかを知ることである。

自分の思想を知るということは、自分の軸を見つけ出すことと同じ。軸さえ持てば、世の中や周囲に踊らされることもない。自分主体で、物事を進めていけるはずだ。自分の思想を知る近道は、世の中のさまざまな思想に触れてみること。そうすることで、〝自分の軸〟を見つけ出すことができるだろう。

Column

私の思想の礎はキリスト教

私にとって、キリスト教というのは空気のような存在。母親がキリスト教徒だった関係で、子どもの頃からキリスト教がとても身近にあったのです。日本キリスト教会の牧師から叩き込まれた「人間は、自分の力を神様のために使わなければいけない。洗礼を受けたからといって、救われるとは限らない。どの人間が救われるかは、神様しか知らない。救われることになっている人の名前は、天国のノートに書かれている。自分の名前がそのノートに書かれていると信じて、ただひたすら神様のために生きるべきである」といった教えは、今でも私の心に深く根づいています。

ですから、2002年5月に鈴木宗男衆議院議員（当時）をめぐる事件に連座して逮捕されたときも、今後の人生についてまったく悲観はしませんでした。「天国のノート」に自分の名前が記されているなら、絶対にどうにかなると思っていたからです。よくも悪くも私の思想の礎は、子どもの頃に出会ったキリスト教カルヴァン派によってつくられているといえるでしょう。

自分を客観視するためには、さまざまな思想に触れることが大事

Cの思想は、
自分ではまったく
思いつかなかった
Aの思想は、
自分の考えに近い
Dの思想は、
自分の考えと
まったく同じだ
Bの思想は、
自分とは
正反対の考えだ

さまざまな思想に触れることで、“自分の軸”が明確に！

「この思想は自分の考えに近い」「この思想は自分の考えと正反対だ」というように、たくさんの思想に触れることで自分の思想を客観的に捉えることができるようになる。それによって、“自分の軸”を見つけることができるのだ。

Study 4

〝思想の鋳型〟があることに気づくべき 今を生きるヒントは、過去の思想の中にある

先人たちの思想が、大きな武器となる

歴史は、繰り返されるもの。たとえば、話題になったＴＰＰ（環太平洋戦略的経済連携協定）は、１９３０年代のブロック経済と、金融の量的緩和政策は１９３０年代の為替ダンピングと構造がよく似ている。世の中で起こっている出来事がいつの時代のどんな出来事と似ているのかを知っていれば、過去から学んでスムーズに対応できるだろう。

思想にも同じことがいえる。世の中で起こっている現象というのは、過去の何らかの〝思想の鋳型〟に基づいている。それを理解しておけば、**時代や周囲に振り回されることなく、常にベストの判断を下せる**はずだ。過去の思想に触れることは、自分の思想を知る手掛かりになるのみならず、今の時代を生きていくうえでも大きな武器になり得るのだ。

Column

古典に触れることで、自分の幅を広げられる

思想に限らず、私たちは〝過去の物語〟からいろいろ学ぶことができます。〝過去の物語〟を知ることによって、〝現在の物語〟をつくることができると言っても過言ではないでしょう。

〝過去の物語〟を知るうえで手っ取り早い方法は、読書です。特に古典が役に立ちます。世界的に有名なマルクスの『資本論』や、カントの『純粋理性批判』といった哲学書でもいいですし、日本の古典文学である『太平記』や『源氏物語』でもいいでしょう。ジャンルを問わず、長い年月にわたって多くの読者に愛され続けている古典には、どの時代にも通用するそれなりの道筋や理屈が備わっています。

読書を通じてその論理を身につけることで、現在身の回りで起こっている現象にも的確に対応していくことができるようになる。自分では経験できないことも追体験でき、自らの幅を広げることも可能です。ただし、物事を多角的に捉えるためには、必ず2つ以上に親しむこと。読み込んだ古典が2つ以上ある人とまったくない人とでは、生き方が大きく変わってくるでしょう。

“思想の鋳型”が、“思考の大量生産”を実現する

思考
思考
思考
思考

判断を下すとき“思想の鋳型”は武器になる

コインでもたい焼きでも、鋳型さえあれば同じ物を大量に生産することができる。それと同じで、“思想の鋳型”を知っておけば、応用することによってさまざまな物事に簡単に対応できるようになる。つまり“思想の鋳型”は、“思考の大量生産”を実現するための大きな武器となるのだ。

資本論
どうすればいいの？
こんなとき、マルクスだったらこう考えるはずだ

「農本主義」の考え方

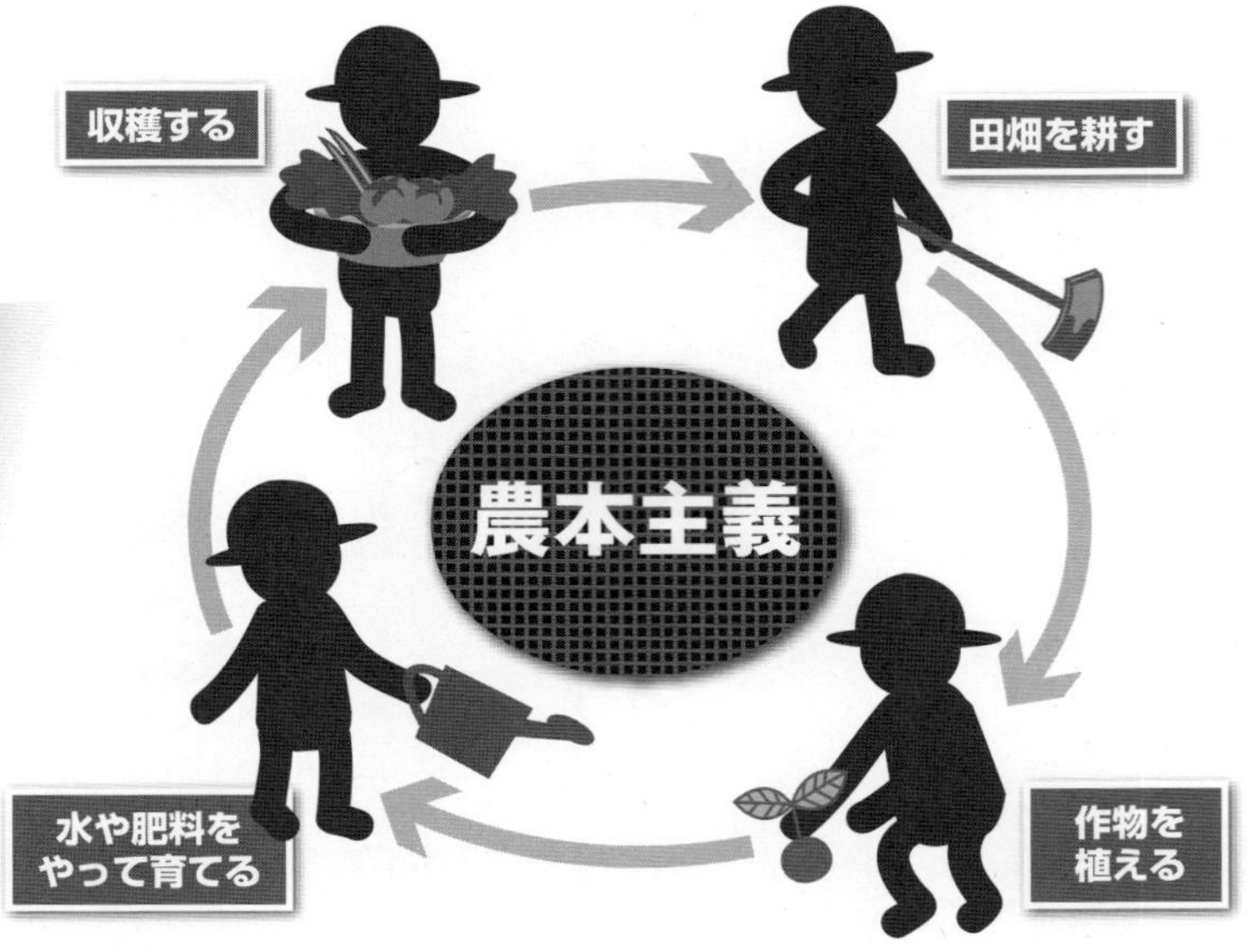
収穫する
田畑を耕す
農本主義
水や肥料を
やって育てる
作物を
植える

Study 5

我が国の古き良き思想が、日本再生の鍵を握る

日本人の思想の基本は、「農本主義」

私たちの喜びは、ズバリ「モノづくり」にある

農業を社会体制の基軸とする思想を「農本主義」という。要するに、お金儲けよりもモノづくりに重点を置いた思想のことである。

農業の分野に限らず、戦後日本の高度経済成長の根本にあったのは、明治時代に唱えられたこの思想。道路の建設からトランジスターラジオの開発まで、農民が田畑で米や野菜を育てるのと同じ感覚で行われていた。単にお金を稼ぐという行為は、労働にあらず。それが、我が国のビジネスパーソンの基本思想だったのである。

資本主義が成熟している現代は、生産性や効率化が優先される時代。日本が再び世界の第一線に立とうと思ったら、**もう一度「農本主義」の生産哲学に立ち返る**必要があるだろう。

お金儲けよりも、
モノをつくることが
働く喜びに!

高度経済成長期の日本は、「農本主義」という思想によって成長を遂げることができた。働くことに対して、お金では測ることのできない価値を感じていたからこそ、皆ガムシャラに頑張ることができたのだ。

Column

『紅白歌合戦』も「農本主義」の産物

日本では時間の概念も、農本主義に基づいています。年月を区切らず直線的に捉えるヨーロッパとは違い、一年間というサイクルの中に始まりがあって終わりがある。

そのことは、大晦日に放送されるＮＨＫの番組演出にもよく表れています。夜になると、毎年恒例の『紅白歌合戦』がスタート。勝敗を決める頃に盛り上がりが最高潮を迎え、出演者たちが『蛍の光』を歌い始める頃にはしんみりとしたムードが広まってくる。そして時計の針が11時45分になると、今までの騒がしい映像から急に静寂に包まれた除夜の鐘の映像に切り替わり、『ゆく年くる年』が始まります。こうやって一年を締めくくり、また新たな一年を迎える。長年ずっと、その繰り返しです。

毎年『紅白歌合戦』の視聴率が高いことからもわかるように、日本人はそういった農本主義をベースとした日本的な感覚からは抜け出すことができません。私たちがいくら努力してもヨーロッパ人になれないのは、血筋が違うという理由ではなく、育ってきた環境で染みついた〝民族に受け継がれている思想〟が違っているからだと私は考えています。

Study 6

思想の最大の問題は、お金の問題

思想とお金は、密接に関係している

今は、何でもお金で換算される世の中

私たちにとっての最大の洗脳は、〝お金〟である。18世紀後半の産業革命以降、皆が何らかの形でお金を得て、それを通して物を手に入れるという時代になった。今では、私たちはお金なしでは生きていくことができないだろう。それと同時に、何でもお金で換算する世の中になってしまったのだ。

思想にとって最大の問題とは、このお金である。現にお金を巡る問題で、自殺する人や殺人を犯す人が後を絶たない。1万円札の原価はほんの20円程度なのに、ついお金自体に価値があると思ってしまう。〝貨幣経済の思想〟、つまりお金中心の考え方によって、私たち人間は惑わされるようになってしまったのだ。そういう意味で、思想とお金は深く関係しているといえるだろう。

Column

金儲けが夢になることが、資本主義の限界

日本が、夢を持てない国になってしまった理由。それは、多くの人にとって「たくさんお金を持つことが夢」になってしまったからだというのが私の考えです。資本主義においてすべての判断基準はお金。生産と消費のサイクルを拡大し続けなければ、発展がストップしてしまうのが資本主義社会の特徴ですから、どんどん木を切って、石油を掘って、自然を食い尽くしていかなければいけません。同時に人をおだてたり、だましたりして、必要以上にお金を使わせて人間関係を食い尽くしていく。一種の麻薬のようなもので、お金を生むために自然も人間関係もボロボロにしてしまうのが、資本主義の負の一面だといえるのです。

逆の言い方をすれば、金儲けが人生の目標になってしまうことが、資本主義の限界。それでも、社会主義思想の勢力が今よりも強かった時代は、いくらか抑制を利かせることができていました。けれども日本は、資本主義を純粋化しすぎてしまった。その結果、個人個人が激しい競争にさらされ、自分とお金しか信用できないような社会になってしまったのです。

お金が目的になってしまうと危険！

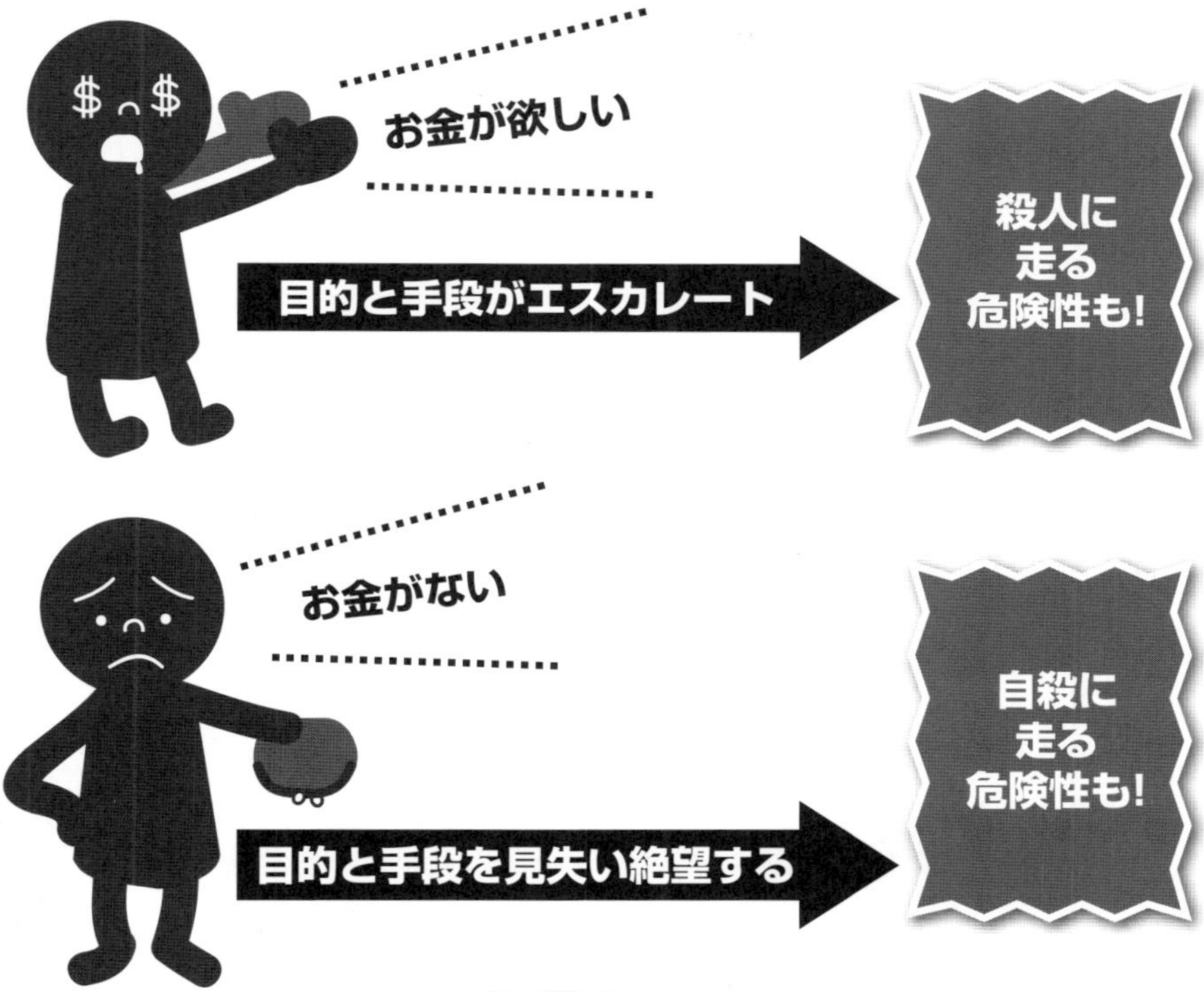
お金が欲しい
目的と手段がエスカレート
殺人に
走る
危険性も!
お金がない
目的と手段を見失い絶望する
自殺に
走る
危険性も!

お金に
不必要に
振り回され
なくなる

お金自体に価値はないと知る

「お金が欲しい」と思うこと自体は、何も悪いことではない。ただし、お金自体に価値があると思い込んでしまうと、ときに人は大きな過ちを犯す。お金はあくまで、何かを実現させるための“手段”。お金を稼ぐことが“目的”になってしまってはいけないのだ。

Study 7

幅広い視野で、物事を多面的に捉える

物事の本質を見抜く力を養う

「うまい話には裏がある」は普遍の教訓

多くの思想に触れることで、幅広い視野で物事を多面的に捉えることができるようになる。たとえば、誰もが知っている一流メーカーの求人募集が出たとしよう。あまり深く考えていない人なら、それだけで飛びつくかもしれない。けれども〝思想の力〟が身についていれば、「うまい話には裏がある」ということに考えをめぐらせることができるだろう。突き詰めていくと、勤務先は治安の悪い国で給与は現地水準、仕事内容はクレーム処理だった、などということがわかってくるかもしれない。

物事の本質を見抜くために必要なのは、**ひとつの事象に対し、異なる観点から考えをめぐらせること。**そのためにもさまざまな思想に触れ、〝思想の力〟をつけておくことが大事だといえる。

Column

子どもの教育にも活用できる〝思想の力〟

〝思想の力〟を活かすことができるのは、何もビジネスシーンだけとは限りません。子どもの教育を考える際にも、活用できます。なぜ多くの親が、子どもが小さいうちから一生懸命に塾に通わせて、いい大学に行かせようとするのか。それは偏差値の高い学校に入ったほうが、いい会社に就職でき、結果的に豊かな生活を送れる可能性が高くなると考えるからですよね。

その一方で、日本の異常な偏差値競争に子どもを追い込まないという道もある。たとえば私が知っている高校で、ロシア語、タイ語、韓国語、中国語、インドネシア語、ベトナム語の教育に力を入れているところがあります。この学校では週に4～5時間ほど、外国人講師が実用的な外国語を教えてくれる。偏差値はそれほど高くない学校だけれども、生きた外国語が身につくから、それを武器に一生食べていくことができるわけです。こうした存在を知っておけば、偏差値教育とは別の視点で子どもの将来を考えられるでしょう。幅広い視点が身につく〝思想の力〟は、子どもの教育においてもいいヒントを与えてくれるのです。

“思想の力”で、物事を多面的に捉えることができる

原発
再稼働
災害対策はできているのか？
安全性は確保できるのか？
脱原発
代替エネルギーのコストは？
地球温暖化の問題は？
憲法
改憲
自衛隊ではダメなのか？
コストは？
9条は改正すべきなのか？
護憲
防衛はアメリカ任せでいいのか？
憲法を自分たちの手で改正できなくて独立国といえるのか？
消費税
¥
増税
公約どおり社会保障に使われなかったら？
増税反対
財源はどのように確保するべきか？

「ダメなものはダメ」の思考停止からの脱却

自分の思想だけを頼りにすると、物事はひとつの方向からしか見えなくなり、「これは絶対にダメだ」と議論の余地もなく他の意見を否定しがちになる。ところが多くの思想に触れて、いろいろな考え方や価値観を知れば、物事を多面的に捉えることができるようになり、物事の本質を見抜く力が養えるのだ。

Study 8

人間性を多方面から検証する

人を見極めるときにも〝思想〟が役立つ

物事を多方面から検証する癖をつける

〝思想の力〟があれば、人を見極めるときにもおおいに役立つ。たとえば職場にある上司がいたとして、その人に今後ついていって大丈夫かどうか迷ったとしよう。それを見極めるには、何をチェックすればいいか。〝思想の力〟を身につけていれば、単に仕事ができる、できないといったひとつの側面だけでなく、多方面から検証することができるはずだ。

たとえば、その上司がどういう食べ方をするのか、どういうお金の使い方をするのか、人と接するときに表裏があるかどうかなど、**あらゆる側面から総合して、その上司の人間性を判断することができる。**

思想を学ぶことで身につく「物事を多角的に捉えるスキル」は、その人がどういう人間かを正確に知ろうと思ったときにも活かすことができるのだ。

上司を見極めるときのチェックポイント

□ 食べ方

（例）テーブルマナーや食事の作法が、大人としてふさわしいか

○⇒品性や知性がある、さまざまな経験値が高い

×⇒状況を把握する能力が低い、気が回らない

□ お金の使い方

（例）部下に奢るときにポケットマネーを使っているか

○⇒太っ腹な人だ。でも、見栄っ張りなだけなのかもしれない…

×⇒ケチな人だ。でも、仕事とプライベートの切り替えがしっかりしているかも…

□ 人と接するときの態度

（例）自分たち部下と接するときと、目上の人間やクライアントと接するときで態度が違っているか

○⇒権威に弱い人だ

×⇒誰に対しても分け隔てなく接する人だ

多方面から物事を判断するという癖をつける

上司を見極めようと思ったときに、仕事ができるかどうかだけで判断してしまうのは不十分かもしれない。そのほかにも、食事のマナーやお金の使い方、人と接するときの態度など多方面からチェックすることで、より正確にその人の本質を見抜くことができる。思想を学ぶことで、このように物事を多角的に捉えるスキルが身につくのだ。

Column

合理性では説明できない事柄は〝思想の力〟で

生きていくうえで、人の善し悪しをしっかりと見極めるのは大切なことです。けれども私たち人間は、どれだけ気をつけていてもときにだまされてしまうことがあります。

ある詐欺師の話を例にとってみましょう。最初は「1万円を貸してください」と言ってターゲットに近づきます。そして約束通り、期日までにきちんと返済する。次は「10万円を貸してください」と言って、これも期日までにきちんと返す。そうやって少しずつ金額を上げていき、最後には「1000万円を貸してください」とお願いするわけです。この後どうなったかは、もうおわかりですね。詐欺師はそのターゲットの前から、姿を消してしまいました。これは小さく信用させて大きくだますという、詐欺師の典型的な手口のひとつです。

なぜ詐欺師は生まれるのか、なぜ人はいとも簡単に人を信用してしまうのか。詐欺師の話に限らず、世の中には合理性だけでは説明できない事柄がたくさん存在します。そういった事柄を解明するときにも、物事を多方面から検証できる〝思想の力〟は、おおいに役に立つでしょう。

Study 9

インプットだけでは、情報過多になってしまう

あえて思想を捨て、インテリジェンスを磨く

知識として得た思想の取捨選択をする

数多くの思想について学び、知見を広げることはもちろん大切である。けれども、単にインプットするだけではいけない。なぜならインフォメーション（＝情報）ばかりが増えてしまうと、どれが自分にとって有益な情報なのか、判断がつきにくくなってしまうからだ。

インテリジェンス（＝知性）を磨くためには、身につけた知識を取捨選択することも重要。インフォメーションばかり増えても、その良し悪しを見極める力がなければ、ただの情報過多になってしまう。さまざまな思想に触れて知見を広げたら、次は**自分にとって役に立つものとそうでないものを選別する**こと。そうすることで、より効果的にインテリジェンスを磨くことができるだろう。

Column

インフォメーションとインテリジェンスの違い

インテリジェンスという言葉には、「知性」だけではなく「情報」という意味もあります。そもそも「情報」という言葉は明治時代の造語で、敵情報告を表す軍事用語でした。では、インテリジェンス（情報）とインフォメーション（情報）は、何が違うのでしょうか。

インフォメーションというのは、そこら辺にある情報すべてを指します。一方、インテリジェンスは、インフォメーションをキャッチするときに取捨選択が行われて、さらに選択されたインフォメーションをどう読み取るかという評価がなされた情報のことをいいます。たとえば、会議の際に単に資料の束を渡されたとしましょう。これは単なるインフォメーションです。けれども一部に付箋が貼られていたり蛍光ペンでラインが引かれていたりしたら、それはインテリジェンスになります。単なる情報にすぎないインフォメーションと違って、ビジネスの大きな武器となり得るのがインテリジェンス。ですからインテリジェンス（＝情報）を集め、インテリジェンス（＝知性）を磨くことが大事なのです。

思想の取捨選択によって、知性は磨かれる

情報の取捨選択にも思想がものを言う

与えられた情報をすべて取り込もうとすると、情報過多になってしまい、どれが自分にとって有益なものなのか、判断しづらくなってしまいがち。情報を取り込む際に、本当に必要な情報かどうかの取捨選択を行うことで、情報の海に溺れることなく効率的に知性を磨くことができる。

思想の"毒"と"薬"

新しい思想に出合う
なるほど！
そういう考えもあったか

Study 10

思想は人生を破滅させかねない破壊力を持つ

思想は毒にもなれば薬にもなる

思想的な操作で、命を投げ出せるように

本来、人間にとって自分の命ほど大切なものはないはず。けれども思想的な操作によって、他人のために命を投げ出すことができるのだ。宗教対立による自爆テロなどが、その典型例だろう。また、人が恨みや憎しみで殺せるのはせいぜいひとりかふたり。ところが「自分たちがやっていることは絶対に正しいことだ」と思い込まされることで、大量殺人に対する抵抗感がなくなってしまうこともある。洗脳と同じで、思想にはそういった怖さがあるのだ。

これまでに述べてきたように、思想はビジネスに限らず、人生を切り開く武器になり得る。学ぶことによって、得られるものは多い。ただし、自爆テロや大量殺人の例のように、**一歩間違えれば毒にもなる**ものだということを覚えておこう。

思想は 諸《もろ》刃《は》の剣

多くの思想に触れることで、人生が豊かになるはず。ところが一歩間違えると、思想によって人生を破滅させることにもなりかねない。リンゴの皮をむくことができると同時に人を傷つけることもできるナイフと同じように、思想の力は“諸刃の剣”でもあるのだ。

思想が毒になる
だから、人を傷つけても悪くないはずだ！
だったら、もっと人の役に立つことをしよう！
思想を薬にする

Column

新自由主義への移行は、日本にとって毒だった？

小泉改革という新自由主義への移行で、日本では次々に規制緩和や民営化、社会保障の縮小が進められました。

新自由主義というのは、競争に勝って1位になった人が賞品を総取りするという考え方。規制緩和による競争の激化で、誰も縁や絆なんてことを言っていられなくなってしまった。

結果、競争力の強い者だけが生き残れる社会となり、日本国民はバラバラにされてしまったのです。そしてついに、国も国民全体を束ねることができなくなってしまいました。

しかし、だからといって新自由主義を一方的に「毒」だと決めつけて、その結果である競争社会からドロップアウトしてしまうのも危険です。競争するのが嫌なら、周囲と棲み分けができる「付加価値」を身につけるという方法もあるのです。

別に特別な才能や、高い専門性をあわてて身につける必要はありません。人と棲み分けできる営業力やプレゼン力をアピールすることで、過度な競争に巻き込まれずにすむかもしれません。要は、どのような状況に置かれても、自分次第で何とでもなるということです。

Study 11

思想の世界を旅することで、自分の思想が磨かれる

思想を変えるのは、悪いことではない

旅と同じ感覚で、思想の〝間〟を移動していく

さまざまな思想を学んでいく過程で、自分の考えや価値観はどんどん変わっていくだろう。ときには、Aという思想からBというまったく逆の思想に、方向転換することもあるかもしれない。けれどもそれは、決して悪いことではない。むしろ、**さまざまな思想の〝間〟を移動していくことは、自分の確固たる思想を形成していくうえで必要不可欠なことだ。**旅行をするのと同じような感覚で、いろいろな思想の世界へ足を踏み入れてみよう。

多くの思想と出会いながら、思想の〝間〟を移動する。その繰り返しを経ることによって、その人の思想は磨かれていく。時間が許す限り、たくさんの思想の世界を旅して、ひとつでも多くの生きるヒントを見つけ出してもらいたい。

Column

ビジネスにおいて、思想の違いは関係ない

個性の異なる大勢の人が集まる職場では、人間関係を築くのが大変です。あの人とは合うけれど、あの人とは合わないということも少なくないでしょう。けれども、宗教やイデオロギーをはじめとする思想の違いで反目し合うのはナンセンスです。会社は、政治結社ではありません。世の中やお客様の役に立ち、対価を得ることで営利を追求するのが会社の存在意義。共通の目標さえ見誤らなければ、思想の違いが仕事に影響を及ぼすことなど、本来あり得ないはずなのです。

ですから、思想の違いによって業務に支障をきたすようなら、それは経営陣の責任だといえるでしょう。自分たちの会社の存在意義は何か、自分たちが目指すべきものは何なのか、といったことを社員に徹底できていない証拠なのです。また、自身が部下や後輩を評価する際に、その部下や後輩の思想を考慮するのもよくありません。ビジネスと思想は、まったく関係がないものである。そのことを、しっかりと覚えておいてください。混同を防ぐことで、よりよい職場環境を築くことができます。

思想の“間”を移動していくことは、「旅」と同じ

資本主義
リベラル
社会主義
保守
民主主義
新自由主義
共産主義
共同体主義
社会民主主義
いろいろな思想にハマってみる

寄り道は確固たる思想を形成する近道！

いろいろな思想に触れて、考えや価値観が変わっていくことは何も悪いことではない。アメリカを旅したらアメリカが好きになる、ヨーロッパを旅したらヨーロッパが好きになるといった感覚で、さまざまな思想を自由に行き来してOKなのだ。さまざまな思想の世界へ足を踏み入れて、その“間”を移動していくことにより、自分の確固たる思想が形成されていくだろう。

Study 12

忙しいビジネスパーソンにおすすめの書！

思想を学ぶために読むべきは教科書

思想の基礎を学べる とっておきの3冊

『現代の倫理』
（山川出版社）

高校生向けの教科書。古典だけにとらわれず、現代思想についても詳しく解説されている。またマキャベリズムや構造主義、全体主義といった、大学レベルの専門的な内容にも触れることができる。

『中学社会 公民的分野』
（日本文教出版）

グローバリゼーションから少子化まで、幅広い社会の現象を扱っている中学生向けの公民の教科書。項目のひとつに思想についてのコーナーが用意されており、世界の思想や思想家を知ることができる。

Column

教科書や入門書は入口に過ぎない

思想についての文献は、膨大な数にのぼります。すべて読み切ろうと思ったら、何年あっても時間が足りません。それに基礎知識がまったくない初心者にとって、とっつきにくい内容のものも少なくありません。また忙しいビジネスパーソンは、読書のためにとれる時間もそれほどありません。

ですから「思想について学ぶにはどうすればいいですか？」と聞かれたときに、私は迷わず中学・高校の教

教科書は手軽な思想の入門書

思想について学ぶために、思想家の本を一から読んでいくのは大変である。そこでおすすめしたいのが、中学と高校の教科書。たとえば私が持っている『中学社会 公民的分野』（日本文教出版）には、「思想とは？」「世界の思想について」という項目がある。『現代の倫理』（山川出版社）には、ソクラテスやアリストテレスから構造主義、全体主義のことまで書かれてある。さらに『現代の日本史A』（山川出版社）という教科書を読めば、近現代史について知ることができる。

思想の基礎を学ぶには、中学・高校の教科書を読めば十分。とっつきやすいわりにレベルが高く、3冊購入しても2000円もかからない。本書を読んだ後に、ぜひ手に取ってみてもらいたい。

『現代の日本史A』
（山川出版社）

農業・工業・商業系の高校向けの日本史の教科書で、近現代史を中心に構成されている。歴史の知識を身につけることで、その思想が生まれた時代背景なども知ることができる。

科書をおすすめしているのです。

ただし、世の中に無数に存在する入門書も含め、これらはあくまで思想の基礎について知るためのほんの入口にすぎません。ですから、読み終わって思想のすべてを知ったような気になるのは大間違い。

入門書や教科書を足掛かりにして、さらに思想に関する知見を深めていただきたいと思っています。

入門書や教科書でさまざまな思想に触れることにより、「もっと深く知りたい」と思えるジャンルときっと出合えるはず。

次は興味がわいたジャンルの専門書にチャレンジするなどして、自分のペースで楽しみながら思想について学んでいくといいでしょう。

第2章

ニーチェの言葉から、明るく前向きな生き方を学ぶ

白取春彦（しらとり　はるひこ）
作家

倫理、道徳、権威、規範……
これまで絶対的な価値だと思われていたもの
すべて（＝）神に死を宣告した**ニーチェ**。
神を愛し、また憎悪もした「**知の巨人**」は、
よりよく、前向きに生きる方法を
徹底的に追求し続けたのだ。

Profile

青森県生まれ。獨協大学外国語学部ドイツ語学科卒業。1979年、ベルリン自由大学に留学。哲学・宗教・文学を学び1985年帰国。帰国後は文筆業に従事し、宗教と哲学に関する入門書、解説書の執筆を手掛ける。2010年に出版した『超訳　ニーチェの言葉』（ディスカヴァー・トゥエンティワン）がミリオンセラーとなった。他に『ほっとする聖書　いまをひらく70のことば』（石川芳雲共著、二玄社）、『独学術』『超訳　ニーチェの言葉』『超訳　ニーチェの言葉Ⅱ』（以上、ディスカヴァー・トゥエンティワン）、『超訳　聖書の言葉』（幻冬舎）、『仏教「超」入門』（PHP文庫）などの著書がある。

Study 1

名言「神は死んだ」の本当の意味に学べ

世間の常識や価値観にとらわれるな！

あなたが求めているものは何？

どんな常識も時代や状況で変化する

ニーチェの名言として最も知られているのが「神は死んだ」というフレーズである。彼の著作に何度も登場するこの言葉は、今もなおショッキングな印象を与える。しかし、ここで「神」と呼ばれている存在は、キリスト教など特定の宗教の神を意味しているわけではない。伝統、因習、倫理、道徳、権威、規範……、それまで絶対的な価値だと思われていたものすべてを含んだ象徴的な表現なのである。

あらゆる価値観にとらわれず、自ら新たな価値観を創造する。これが、ニーチェが生涯をかけて目指した目標だった。世の中の常識や価値観が、自分を幸せにするとは限らない。また、時代や状況によっても変化する。そんなものに左右されず、自分自身で考える。それが人生で最も重要なことである。

世間の価値観＝自分の幸せとは限らない

あなたが人生や仕事に求めているものは何か？ それは本当に自分が心から望んでいるものなのか？ 世間にあふれる根拠のない常識に従っているだけではないのか？ 世の中の価値観＝自分の幸せとは限らない。もう一度、自分の心と真剣に向き合って考えてみよう。

Column

ニーチェのイメージは実像とは異なる

世間の常識が正しいとは限りません。たとえば、ニーチェ自身のイメージがそうです。彼は一般的にはニヒリズム*の哲学者だと思われていますが、本当はそれを否定した哲学者です。ニヒリズムを含め、既存のあらゆる価値観を否定し、より大胆に生きるための方法を追求した非常にポジティブな思想の持ち主でした。

代表的な例は、キリスト教の神学思想を否定したこと。19世紀前半までのキリスト教は絶対的な権威を持っていて、市民生活のあらゆることに干渉しました。セックスにまで口を出して、正常位以外は悪魔のやり方だと言って他の体位を認めませんでした。そういうことに対して「そんなのはおかしいじゃないか」と反旗を翻したのがニーチェです。彼は、当時の絶対的な権威や道徳をすべて否定するために「神は死んだ」という象徴的な表現を使ったのです。現代の日本では、お金を「神」として崇める生き方が世間の常識になっていますが、そういう価値観に対して疑問を投げかける言葉と解釈してもいいでしょう。

仕事でも人生でも、あらゆる価値観を見直すきっかけになる言葉です。あなたにとっての神は何か、それは本当に絶対規範なのか、考えてみましょう。

＊ニヒリズム：虚無主義。すべての事象には意義や目的、真理、そして価値などないとする立場。また、既成の宗教や道徳、権威や秩序などに否定的な態度をとること。

Study 2

常に新しい自分を生きるヒントは「超人思想」にあり

自分を信じるな、信念を疑え！

脱皮しない蛇は破滅する

ニーチェが疑問の目を向けたのは、権威や常識だけではなかった。自分の考えに執着することや、信念を持つことも危惧している。多くの人間は、思い込みや勝手な想像によって、物そのものや状況が見えなくなってしまう。信念を持っている人は偉いように思われているが、むしろ逆。ある時点から精神の働きが停滞してしまっている人だといえる。

ニーチェが提唱した「超人思想」とは、**現在ある価値観を超え、自分自身で新しい価値観を生み出そうという考え方。**昨日までの自分を否定し、さらなる新しい自分を目指す、積極的な人生観を表したものである。**脱皮しない蛇は破滅する。**思い込みや信念にとらわれることなく、常に考え方を新陳代謝させて、新しい自分を目指して生きていこう。

Column

超人とは、固定観念にとらわれない人

ニーチェの哲学をひとことで表現すると、超人思想です。「私の運動は超人を産出する」「私は孤独の中へおもむいて、超人を創造した」（『生成の無垢』）など、彼は多くの著作で「超人」誕生の必要性を唱えました。

しかし、詩的な表現と、もったいぶった文体のせいで、超人＝人間以外の者、万能の力を持つ者などと誤解され、当時も後世の人々にも理解されませんでした。

たしかに「超人」なんて聞くと、スーパーマンを想像してしまいますが、決してそうではありません。ニーチェにとっての「超人」とは、昨日までの自分を超えて気高く生きる人や、世間の価値観にとらわれない人。つまり、あらゆる先入観を捨て、自分自身で物事を考える人間になろうと訴えていたのです。

そんな超人思想と対極にあるのが、視野の狭い考えに執着することや信念を持つことです。思い込みや信念というのは、実は非常に危険なものです。ニーチェは、そういったあらゆる固定観念に対して警鐘を鳴らしていたのです。

ニーチェの言葉

脱皮しない蛇は破滅する。

脱皮できない蛇のように、自分の考えや価値観に固執しすぎて変わることができない人間は滅びる。

超人とは何か？

今の自分を超えて
気高く生きる人間
自由で柔軟な
発想が持てる
潔い人間
世間の価値観に
とらわれない人間
ニーチェのイメージ
人間以外の
万能の存在
偉大だが、どこか
底知れぬ恐ろしさ
がある人間
英雄でありながら、
悪魔のような
人間
多くの人々のイメージ

超人思想とは生き方についての提案

ニーチェの「超人思想」は、突飛な発想と誤解されてしまい、当時も後世の人々にも理解されることは少なかった。だが、本来の意味は、人の生き方を説いたもの。人間の成長を促す指針になるのはもちろん、物事の見方や、仕事における発想のヒントなど、人生のあらゆる場面において参考になる。

Study 3

他人の反応や思惑を気にしているから自己嫌悪に陥る

自由を目指して楽になろう

今、自分を縛っているものは何か？

自由になろうとし、自分の能力と個性を最大限に活かそうとすることは、多くの利点を生む。ニーチェは著書『善悪の彼岸』でそう語っている。彼の言う「自由」とは、何物にも縛られない発想を持つこと。

多くの人は世間の常識に照らし合わせて自分を評価したり、他人の反応を気にして物事を考えるが、その結果、自分はダメなやつだと自己嫌悪に陥ったり、心の病にかかってしまう。だが、**他人がどう思うかということを気にしなければ、そんな悩みはなくなる。**自分の欠点を拡大して考えたり、怒りや憎悪といったネガティブな感情も自然に消えていく。

自由な発想は人を楽にする。今あなたが不自由な思いをしているのなら、自分を縛りつけているものが何か考えてみよう。そしてそこから自由になろう。

Column

自由になるためには感情をコントロールすべし

ニーチェが他の哲学者と違ったのは、「自我」と「自己」を別に考えたことです。デカルト以来、哲学は「自我」を中心に考えるものとされてきましたが、ニーチェは「自己」を中心に考えるべきだと主張しました。「自我」とは変わることのない確固たるものですが、「自己」は他者との関係によって変化するもの。人間は、常に他者と関係して生きている。その関係性も日々変化するのだから、それを中心に物事を考えるべきだろうと。

たとえば、人は相手によって態度を変えますよね。それが「自己」。「自己紹介」を「自我紹介」と言わないのも、そこに相手との関係性があるからです。どうせ変化するなら、良い方向に変わろうというのがニーチェの思想です。

ただし、感情を野放しにするのは危険であるとも言っています。感情に振り回されると、相手との関係性は逆に不自由になる。ニーチェ自身は感情的な人だったのですが、人と接するときは、いつも静かで感情を露にすることはなかった。彼が自由な精神を持てたのは、そうして自分を律していたからなのでしょう。

自我と自己

自我＝変わることのない確固たるもの ← **従来の哲学**

自己＝他者との関係によって変化するもの ← **ニーチェ**

人間は、常に他者と関係して生きている。
その関係性も日々変化するのだから、自己を中心に物事を考えるべき。

人はなぜ悩み苦しむのか？

最大の原因は他人の目

ニーチェがあらゆる価値観を否定したり、より柔軟な発想が必要だと主張し続けたのは、人間がより自由に、楽に生きられるようになるため。他人の目を気にしていると、その評価に怯えて心が病にかかっていく。その意識から解放されて自由になれば、人は自分の個性や能力を最大限に発揮することができる。

Study 4

孤独は君をダメにする

街へ出て、友と語らい、多くの体験をしよう

人間は他者との交流によって成長する

今の自分を変えて、新しい自分になる方法について、ニーチェはこう書いている。「雑踏の中に入れ。人の輪の中に行け。みんながいる場所へ向かえ。みんなの中で、大勢の人の中で、君はもっとなめらかな人間になり、きっちりした新しい人間になれるだろう」（『ディオニュソスの歌』）。

人間は、他者との交流で成長するものである。他者の存在は人を怯えさせもするが、自分を変化させてもくれる。逆に、孤独は人間を腐らせ、ダメにしてしまう。積極的に街へ出て、友と語り合おう。

友人をつくるには、共に苦しむのではなく、共に喜び合うことが大切だ。**人間は子どものように喜び、無邪気に嬉しがることで幸せになれる。**友人に会い、いろんなことを話し、互いを尊敬し合おう。

変わるためには体を動かし、体験する

家にこもってひとりで考えていても、何も変わらない。街を歩いてさまざまな発見をしたり、友と語り、喜び、笑い、視点を変えて風景を眺めたりするなど、実際に体を動かしていろいろな体験をすることが大切だ。それらの刺激が、新しい自分に変わっていく栄養分となる。植物に水を与えるように、多くの体験をしよう。

Column

頭だけではなく、体を使って考える

ニーチェは「喜び」を重んじる哲学者でした。「もっと喜ぼう。ちょっといいことがあっただけでも、うんと喜ぼう。喜ぶことは気持ちいいし、体の免疫力だって上がる。恥ずかしがらず、我慢せず、遠慮せず、喜ぼう。笑おう」（『ツァラトゥストラはかく語りき』）。

この一文を読んだだけでも「暗い・重い・難解」といったニーチェの一般的なイメージが、いかに実際と異なっていたかがわかるでしょう。喜びや他者との交流とともに、ニーチェが重要視していたのは「体」を使った体験です。

自分の街を遠く離れると、教会の塔がいかに高くそびえ立っていたのかがわかります。視点を変えると、ものの見方が変化するのです。現代のビジネスでも「視点を変えろ」とよく言われますが、ニーチェの考えはもっと具体的。頭で考えるだけではなく、体を動かして考えることが重要であると。

どんな物事にせよ、その渦中にいるとよく見えなくなってしまいます。ニーチェの遠近法的な発想や体験を重視した考え方は、今なお新しく、非常に実用性の高いものだと思います。仕事も、人間関係も、視点を変えることで新たな発見があるはずです。

Study 5

異質な考えや批判も取り入れ、積極的に変化しよう

安定志向は人も組織も腐らせる

「安定」なんて幻想にすぎない

世の中は常に変化している。安定なんてあり得ない。それは人も組織も同じである。ニーチェはそう語っている。似たような考え方の者ばかりが集まって、**互いを認め合って満足している組織は、ぬくぬくした閉鎖的な集団となり、新しい発想や挑戦が生まれなくなる。**反対意見や批判を恐れたり、異質な意見を排除したりし、自分たちの安定にのみ向かう姿勢は、結果的に人も組織も根本から腐らせて、退廃や破滅をうながすことになってしまう。

社会も時代も変わっていくもの。「安定」という発想自体が幻想にすぎないのだ。人の暮らしも人生も同じである。現代は不安定な時代だからこそ、安定を求める者が多い。だが、そもそもそんなものは存在しないと考えることが重要なのである。

Column

批判とは「攻撃」ではなく「風」である

「キノコは、風通しの悪いじめじめした場所に生え、繁殖する。同じことが、人間の組織やグループでも起きる。批判という風が吹き込まない閉鎖的なところには、必ず腐敗や堕落が生まれ、大きくなっていく」（『人間的な、あまり人間的な』）

ニーチェは、批判というのは意地悪な意見ではなく、悪い菌の繁殖を防ぐ風だと語っています。ニーチェ自身もキリスト教を激しく批判しましたが、彼が否定したのは、市民の生活まで干渉する教会の権威やあり方であって、キリスト教そのものには影響さえ受けています。実は当時のキリスト教会のあり方に反感を抱いている人は大勢いたのですが、みんな口に出しては言えなかった。ニーチェはそれを公の場で口にしただけです。

だから、ニーチェは何でもかんでも全否定しているわけではないし、認めるべきところは認める人でした。人も組織も、批判や変化を恐れてはいけません。逆風が吹いたら、利用して追い風にすればいいのです。異なる意見もどんどん聞いて、思考の幅を広げる。それが人や組織を成長させていく最良の方法なのです。

ニーチェの言葉

批判という風が吹き込まない
閉鎖的なところには、
必ず腐敗や堕落が生まれ、大きくなっていく。

『人間的な、あまり人間的な』

安定志向の危険性

安定をのぞむ人や組織の傾向

- 変化することを恐れる
- 似たような考え方の者ばかりが集まっている
- 異質な発想を排除する
- 反対意見や批判を攻撃だと考える
- 互いを認め合って満足している

根本から腐り始めて退廃や破滅へと向かっていく

異質な意見を積極的に受け入れる

人間は基本的に摩擦を恐れる生き物だが、文明や社会を発展させてきたのは摩擦による変化である。批判に耳を傾けず、異質な意見を排除した組織や体制が、いずれも必ず崩壊してきたことは歴史が証明している。異なるものとの切磋琢磨が、人も組織も強くし発展させていく。安定という幻想を捨て、積極的に変化を受け入れよう。

Study 6

誰かを責め立てる、持論に固執する、自分の人柄を吹聴する……

他者との関係に善悪を持ち込まない

人に嫌われがちなタイプ

人が過ちを犯しても責めるな

他者との関係性を重視するニーチェは、人に嫌われるタイプについてさまざまな例を挙げている。たとえば、誰かを責め立てる者や「この人が悪い！」と強く言い張る者。こういう人物は、第三者から見れば、他者を一方的に口汚く罵っているようにしか見えない。そもそも**他者との間に善悪の関係をつくること自体が間違い**であり、人が過ちを犯しても責めたりせず、許すことが大事なのである。

持論に固執する者も同様である。自分の考えだけが素晴らしいと思う自惚《うぬぼ》れた感情や、そんな自分を誉めてもらいたいという願望は、誰もが直感的にいやらしく感じ、逆に反対されてしまう。他人の意見も尊重して、きちんと話し合う。そういう柔軟さや寛容な態度が、人間関係では重要なのである。

いえ、絶対に
ボクの意見が正しい！
持論に固執する者
わたしって、
みんなに
思いやりがあるって
言われるんですよ
自分の人柄を吹聴する者

他者を尊重しなければ好かれない

誰かを激しく責め立てる、持論に固執して他人の意見を認めない、自分の人柄や行為を自慢げに話す……。他者を尊重しない人、いたわりのない人、自惚れた人、このようなひとりよがりな人物は周囲から嫌われるが、本人は無自覚な場合も多い。自分の言動を振り返って、該当するものがないか注意しよう。

Column

人間関係を円滑にするには「鈍さ」も大事

他者との間に善悪の関係をつくらず、人の過ちも見過ごそうというニーチェの考え方は、おそらく聖書から来ているのでしょう。前述したように、彼はキリスト教自体は好きなのです。「過ちなんて誰もが犯すものだから、他人の失敗も許してあげようよ」という寛容さがとても大事だと語っています。また、人間関係には「鈍さ」が必要だとも言っています。相手の何かしらの好意や悪意、あるいは考え方や思惑を見抜いていても、知らぬフリをしたり、言葉をできるだけ好意的に解釈する。相手を大切な人として扱いながら、こちらが気を遣っていることは悟らせない。それが社交のコツであり、人へのいたわりにもなると。

嫌われる例としては、自分の人柄を吹聴することも挙げています。自分がいかに良い人であるかをアピールしても、逆に信用されません。そもそも人間は常に変化するものだから、人柄なんて一時的な固定観念にすぎないわけです。むしろ、自分がなした善行について沈黙している人が信用されると。昔の貴族というのは、毅然としたイメージがあって好まれますよね。つまり、超人思想と意味合いは同じで、超然とした態度こそ好まれるということです。

Study 7

苦難を克服してこそ、新しい道が開ける

人間の成長には悪や毒が必要

困難に対する見方や認識を変える

人生の中でのさまざまな毒や悪。それらはないほうがましで、ないほうが人は健全に育っていくのだろうか。ニーチェは『悦ばしき知識』の中で、そう読者に問いかける。答えは無論、否である。

憎悪、嫉妬、我執、不信、暴力……。多くの困難や障害はうとましく、悩みの種になるものだが、それらの**悪や毒こそが、人に克服する機会や力を与え、人を強くする。**植物にせよ、土の中に栄養ばかりがあるわけじゃない。人間も泥にまみれながら、いろいろなものを材料にして育っていくのだ。

いいものばかりを食べたから、いい子に育つとは限らない。負の感情も栄養になり、死を題材にした書物さえ生の刺激になる。だからこそ、ものの見方を自在にし、認識を変化させることが重要なのだ。

Column

固定観念を持っているから絶望してしまう

人生には多くの苦難があるけれど、絶望せずに応用すれば、新しい道が開けるはずだと、ニーチェはいろいろな著書でそう語っています。そのためには、「固定観念」を捨てることが大事です。たとえば、自殺してしまう人は、困難に絶望したから死を選ぶわけです。でも、それが「固定観念」なんです。苦しみから解放されるだろうと死を選んでも、死んだらどうなるかなんて誰も知らない。死んだら本当にすべてきれいさっぱり消えるかなんて、世界の誰にもわからないじゃないですか。

死に限らず、あらゆる物事に「固定観念」があり、それにとらわれているから人は絶望してしまう。だからニーチェは、あらゆる価値観を否定し、破壊しようとしたんです。苦難は悪かもしれない。毒かもしれない。しかし、見方を変えれば、それを引き受けることで、自分は新しい人間に変われるはずだと。

たとえ、まずい対処の仕方であっても、乗り越えた場合には違う人間に変われます。ずっと逃げていたら、結局はダメになってしまう。生きるとは、困難に立ち向かい、戦うことなのです。

固定観念を捨てる

死んだらどうなるのかなんて誰にもわからないにもかかわらず、「困難に絶望したら死のう」と考える

↓

固定観念

固定観念にとらわれているから人は絶望してしまう。よってあらゆる価値観を否定し、破壊する必要があるとニーチェは考えた。

どんな困難な障害も栄養になる

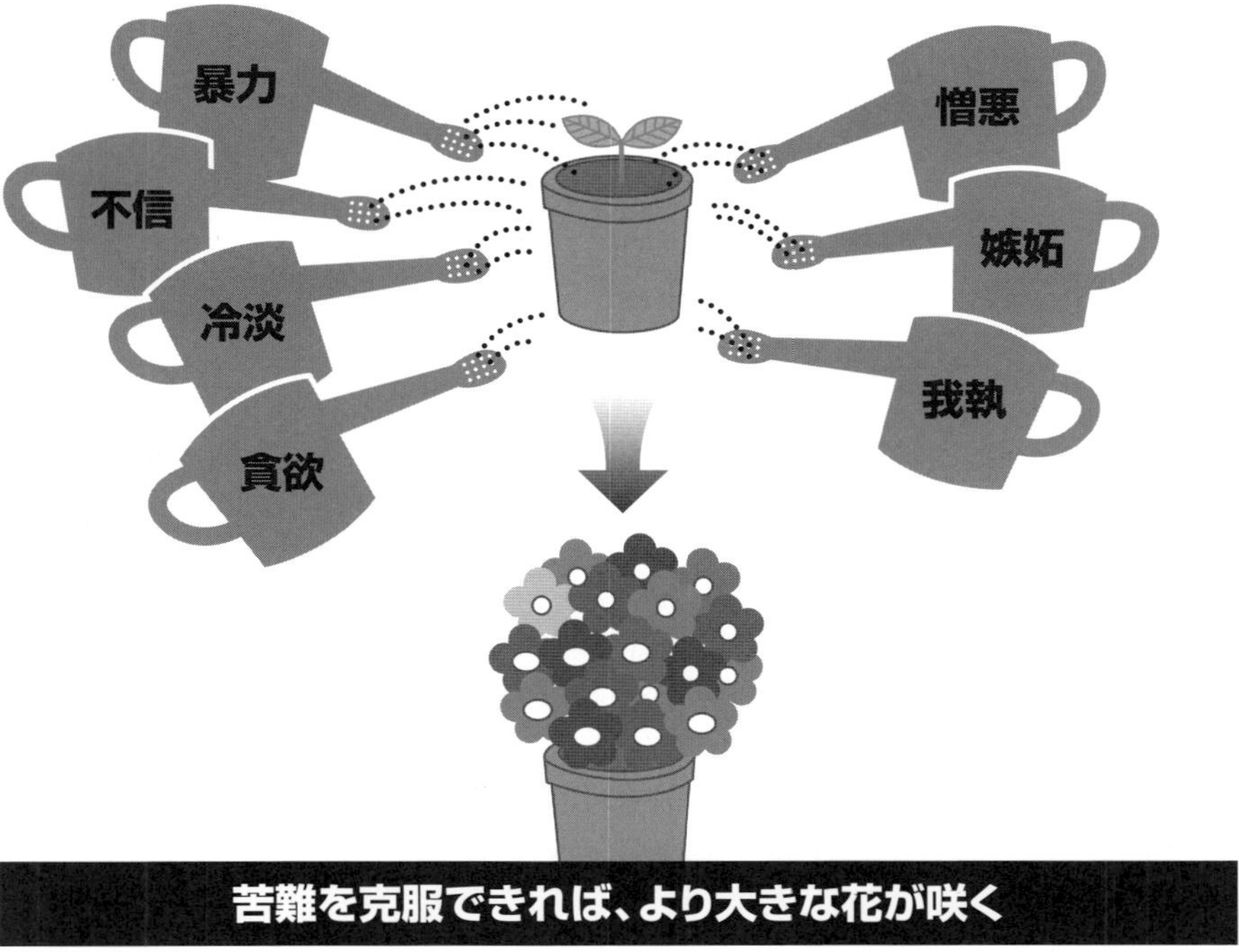

苦難を克服できれば、より大きな花が咲く

現実的なトラブルや負の感情など、人生には多くの困難がつきもの。だが、見方を変えれば、それらは人間がより大きく成長するための栄養分にもなる。苦難を克服したとき、人はより大きな花を咲かせることができる。困難があったら、見方を変えて捉え直そう。ピンチをチャンスに変える豊かな発想力を身につけよう。

Study 8

あるべき現実などない、今ここの現実を生きよ

現実をいくら否定しても、逃げることはできない

現実の世界と理想の世界

あるべき理想の世界

安心　美しさ　賢さ　やさしさ　清潔さ　善

今ここにある現実の世界

不安　醜さ　愚かさ　残忍さ　不潔さ　悪

選択肢はひとつしかない

「あるべき理想の世界」と「今ここにある現実の世界」、ふたつの世界があるとすれば、誰もが前者を選ぶだろう。だが、現実には選択肢はひとつしかない。しかも、その現実は自分が関わってできたものである。この事実を認め、なおかつあきらめず、それを受け止める覚悟と生き抜く力を持つ。それが「生きる」ということなのだ。

Column

「認識の変化」はある日突然やってくる

現実を否定しても、苦しみが続くだけ。ニーチェはそう語っています。たとえば、福島について考えてみてください。震災前の「あるべき福島」を取り戻そうと、どんなに復興を頑張っても、完全に元の状態に戻ることはあり得ないでしょう。故郷が大事なのは当然ですが、逃げるなり、別の場所に住むなりするしかない。現実が変わったのだから、認識を変えなくちゃいけないんです。

　僕の場合は、父親の介護

夢や理想とは関係なく、現実は存在している

現実の世界は、快適で美しいばかりではない。不安、醜さ、愚かさ、残忍さなどにあふれている。美しいものだけに囲まれた理想郷で暮らせたら幸せかもしれないが、実際には不可能である。ニーチェは、現実の見方について次のように述べている。「あるべき人間、これは『あるべき樹木』ということと同じく、私たちの耳にはいとわしく響く」

本来、人間とはこうあるべきである。今の現実は間違っている……。そんな文句を言って、嘆いたり叫んだりしても何の意味もないと。**現実というものは、理想や夢とは関係なく、今ここに存在している。**だからといって、悲嘆したり絶望してはいけない。我々はその事実を認めたうえで、何が起こっても逃げずに、強く生きていくことが重要なのだ。

がそうでした。朝昼晩と食事をつくり、毎日うんこを拾い回る生活になったのが、最初は嫌で仕方ありませんでした。でも半年後のある日、突然、認識の変化が起きたんです。現実に起きたことを、いくら否定しても消せるものじゃない。受け止めるしかないと。すると雑用にしか思えなかったことが、この自分がやるべきことだと確信できるようになりました。

『超訳 ニーチェの言葉』を書いたのは、ちょうどその頃です。ニーチェの本を読んだら、不思議と彼の言葉がしみてきた。昔は大嫌いだったのに、同じ言葉が今までとは違う意味に思えてきたんです。現実を受け止めれば、認識が変わるときがきます。ニーチェの言葉は、その力強い味方になってくれるでしょう。

Study 9

悩んだら食べる、疲れたら寝る

体調を整えることで、考え方は大きく変わる

体調は考え方に大きく影響する

そもそも
あいつが
悪いんだ……
もうダメだ
死ぬしか……
あんなこと
しなきゃ
よかった……
疲れている状態

理性は体調に左右される

疲れたと感じたら、考えることをやめ、休んだり寝たりするに限る。人間関係に悩んだら、**食事をして体調を整える。**そして、また毅然として活動できるように明日に向かって備えよう。

ニーチェは『悦ばしき知識』の中で、そう語っている。多くの哲学者は、人間は常に理性的に物事を考えることができると思っていたが、彼はそんなことはあり得ないと知っていた。体調は人間の考え方に大きく影響するのだ。副交感神経が高ぶると鬱状態になるともいわれている。

疲れていると愚痴や後悔を口にし、憂鬱なことや暗いことが頭の中を占めるようになる。そんな状態のときは何も考えないほうがいい。美味しいものでも食べて、すぐに寝てしまおう。

よーし
今日は
がんばろう!
そうか
あいつが言ってたのは
こういう意味かも
あれは
あれで
良かったんだ
元気な状態

反省するなら元気なときに

体調の良し悪しは考え方に大きく影響する。疲れているときに何かを考えても、とかくネガティブな思考に陥りがち。そういう状態のときは、何も考えないほうがいい。同じことを考えても元気な状態のときなら、ポジティブな発想が可能。物事の見方を変えるためには、自分の体調やメンタル面も考慮することが大切だ。

Column

一日の終わりに反省しない。朝にする

ニーチェはずっと病気だったので、体調の管理にはいつも気を使っていました。自分で食事制限をして、ビールを飲まないとかタバコを吸っちゃいけないとか、コーヒーは体に良くないから紅茶しか飲まないとか、さまざまなルールを決めていたのです。紅茶も温度や濃さはこれくらいとか、かなり細かく気を使っていたことがいろいろな著作に書かれています。

だからこそ、体調が良くないと健全な考え方ができないことを、身にしみて感じていたのでしょう。また、一日の終わりに、その日を振り返って反省するのも良くないと語っています。夜になると、自分や他人のアラが目について、鬱になってしまう。自分のダメさ加減にも怒りを感じ、他人に対しても憎悪の感情を抱くようになるということです。

疲れているときは、何も思わず、何も考えないほうがいいんです。日記なども書くべきじゃありません。反省するなら、夜ではなく、食事をしてからたっぷり眠って、朝にするのがベスト。目覚めたばかりで新しい力がみなぎっているときなら、前向きな考え方ができるはずです。頭でっかちの他の哲学者と違って、彼は人間が常に理性的ではないことを自覚していたのです。

Study 10

あきらめてしまうと、心が嫉妬に染まる
何歳になっても理想を捨てるな

理想や夢を過去のものにしてはいけない

理想や夢について、ニーチェは『ツァラトゥストラはかく語りき』の中で次のように述べている。

「誰でも高みを目指している。理想や夢を持っているのは、それが過去のことだったと、青春の頃だったと、なつかしむようになってはいけない。今でも自分を高めることをあきらめてはいけない」

人間は、理想や夢を捨ててしまうと、それを口にする他人や若者を嘲笑する心根を持つ。心が嫉妬だけに染まり、濁ってしまう。向上心や克己心もまた、一緒に捨て去ってしまう。

人生で最も重要なことは「どこから来たか」ではなく「どこへ行くか」。ニーチェはこう言っている。**過去にしがみついたり現状に満足したりせず、絶えず進め、より遠くへ、より高みを目指せ、と。**

Column

「魂の中の英雄」が人を前に進ませる

哲学というものは、論理の積み重ねをする難しい学問というイメージがあります。古代ギリシアのソクラテスやプラトン以降、「知を愛好する」という意味で使われてきました。真理を追究する学問であることはたしかですが、ニーチェは「哲学は論理の正しさがどうのこうのというものではないし、そもそも哲学は学問ですらない」と考えていました。

ニーチェにとっての哲学は、生きること。論理が正しいから真理だという考えではなく、生き方そのものを重要視したのです。人間はどのようなものかを生涯かけて考え、人は超人的に生きるべきだという発想に辿りつきました。彼は、理想や夢を「魂に住む気高い英雄」という言葉で表現し、『ツァラトゥストラはかく語りき』で人々に向けてこうメッセージしています。

「わたしは切に願う。きみの魂に住む気高い英雄を捨てるな。きみの希望の最高峰を、神聖なるものを保ち続けてくれ」

誰の魂にも「気高い英雄」は住んでいる。たとえ何歳になっても、決してそれを捨て去ったりしないでほしい、と。

理想を捨てると人間はどうなるのか？

夢を叶えることができました！
どうせ金のためだろ
心が嫉妬だけに染まる
ははは、若いね
僕の夢は……！
理想や夢を持つ若者を嘲笑する
がんばったってムダだよ……
この企画を成功させよう！
向上心や克己心を失う

成長しないだけでなく、人をあざ笑うようになる

理想や夢を捨ててしまうと、人間としての成長が止まるだけでは済まない。理想や夢を語る若者をあざ笑うようになり、成功者への嫉妬で心が黒く染まっていく。当然、そんな自分に誇りは持てなくなる。理想や夢を抱くのは、若者だけの特権ではない。いくつになっても、自分を侮辱しないためにも、前進することをあきらめてはならない。

Study 11

求めるものは、自分の中にある

他人の価値観では、自分の宝の価値に気づけない

求めているものが見つからない2つのパターン

遠くにあると思い込んでいる

メーテルリンクの「青い鳥」や灯台下暗しのパターン。求めているものは自分の身近にあるにもかかわらず、どこか別の場所にあると思い込んでいて気がつかない。意識を変えることが必要だ。

心に光がなければ希望も見えない

自分が求めているものは、どこか遠い別の場所にある。あなたはそう思い込んではいないだろうか。

ニーチェはこう言っている。「きみの立っている場所を深く掘り下げてみよ。泉はその足下にある」。

自分がずっと探していたものは、実は目の前にある。気がついていないだけで、すぐ身近にある。そのように認識を改めることができれば、自分に与えられた多くの宝に気づけるだろう。

だが、**目の前に希望があっても、心に光がなければ、それは見えない。**他人の価値観で判断している人も同様だ。愛も友人も仕事のアイデアも、他人の尺度では自分の宝の価値に気づけない。見方を変えて、考え直してみよう。あなたの中には豊かな泉があるはずだ。求めるものは、そこに埋まっている。

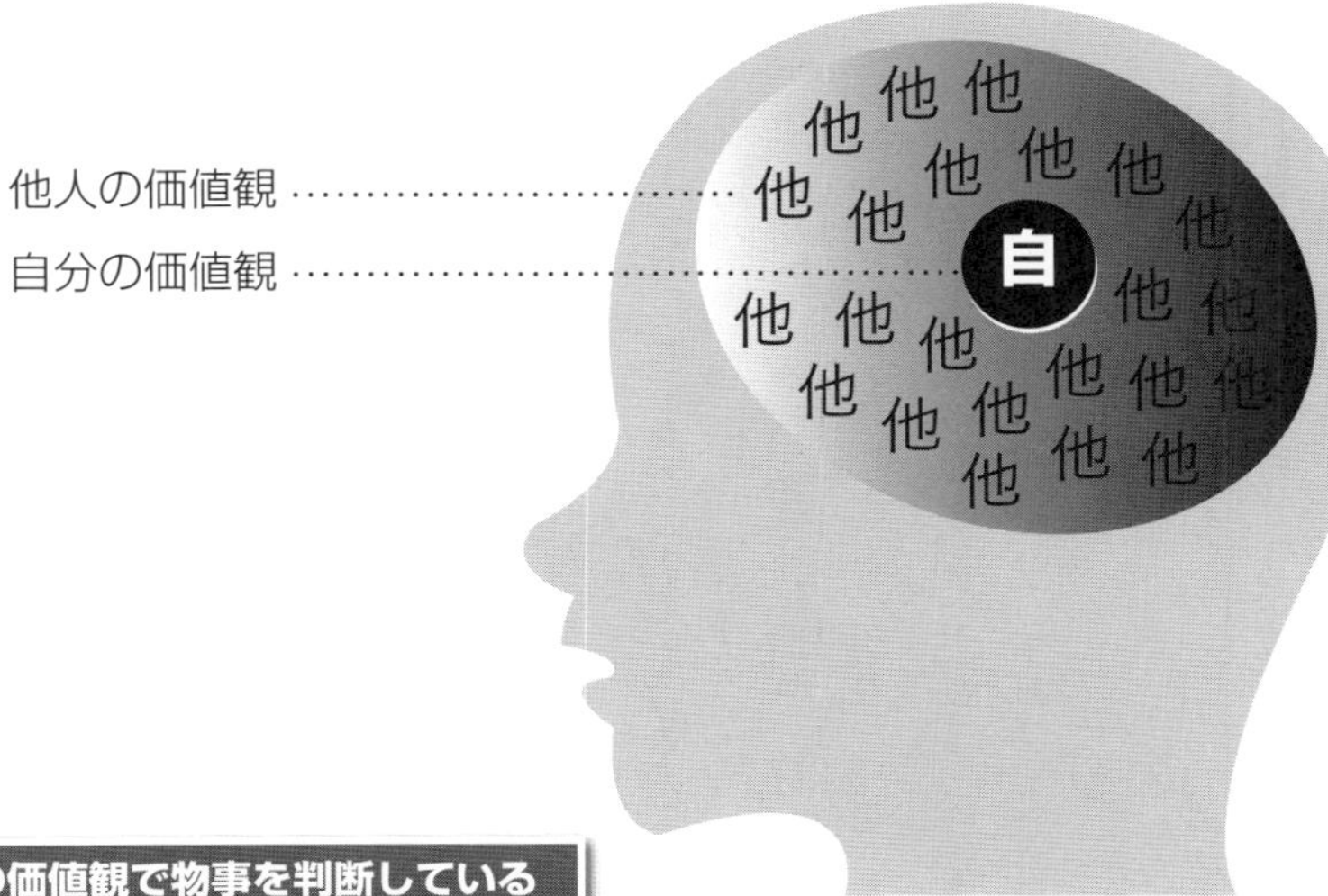

他人の価値観で物事を判断している

宝の持ち腐れパターン。すでに多くの宝を持っているのに、頭の中が他人の価値観や世間の常識で埋め尽くされていて、その宝の価値がわからない。認識を変化させて、自分の持っているものや心の中にあるものを、自分自身の価値観で見つめ直してみよう。

Column

心の生活習慣が自分を変える

認識が変化すると、ものの見方が変わる——。これはどういうことかというと、たとえばピカソ。彼は最初は写実的な絵を描いていましたが、途中から抽象画に変わりました。あれが認識の変化の端的な例です。ものの見方が変わったから、絵も変わった。聖書を読んでキリスト教徒になったという人もそう。認識の変化というのは、誰にでも起こるものです。

とはいえ、他人から強制された変化はすぐに呪縛が解けてしまいます。頭だけで考えても本当の変化は起きません。むしろ、わざわざ意識しなくても、まともに物事にぶつかっていけば自然と変わるのです。

そのときに注意しなければならないのは、心に光がないと悪いほうに変化してしまうということです。周囲の人々に毎日10回冷たい言葉を浴びせていたなら、喜んでもらえることを毎日10回してみましょう。自分の魂が治癒されるだけでなく、周囲の人々の心も状況も好転していきます。毎日の小さな生活習慣が、魂を病気にしたり、健康にしたりするのです。「心に太陽の光を持つべきだ」。ニーチェはそう語っています。たとえ目の前に希望があっても、その光がなければ、永遠に見えないと。

Study 12

自分はたいしたことがない人間だなんて思ってはならない
自分を尊敬することから始めよう

まだ実績のない自分を尊敬する

「自分はたいしたことがない人間だなんて思ってはならない。それは、自分の行動や考え方をがんじがらめに縛ってしまうようなことだからだ。そうではなく、最初に自分を尊敬することから始めよう。まだ何もしてない自分を、まだ実績のない自分を、人間として尊敬するのだ」(『力への意志』)

認識を変える対象は、まずは自分自身から。ニーチェはそう語っている。自分に誇りが持てるようになれば、行動も考え方も自然に変化する。重要なのは他人の評価ではなく、自分の価値観で自分を判断すること。それができれば、自らの可能性を大きく開拓し、変身を遂げるに相応《ふさわ》しい力がみなぎってくる。**はじめの一歩は、自分への尊敬から。**あなたの人生は、そこから変わり始める。

Column
「自尊心」ではなく「誇り」を持とう

自分で自分を尊敬するのは、難しいことのように思えるかもしれません。しかし、それは「自尊心」と「誇り」を混同して考えているからです。「自尊心」は他人に評価されると得られるものですが、「誇り」は自分の価値観で判断するもの。現代人はテストの点数や会社の評価が絶対的な価値基準になっているので、「自尊心」を持っている人はいても、「誇り」は持ちにくい。でも、これは本来おかしな話です。他人の評価を基準にしてしまうから、自分を尊敬できなくなってしまうのです。

たしかに自分の評判は気になるでしょう。誰かに誉められれば嬉しいし、高く評価されたいと願うものです。しかし、ニーチェは他人の評価など気にしてはならないと言っています。本当は嫌われているのに、社長だの先生だのと呼ばれていい気になってしまうのは愚の骨頂。だから、自分の価値観を持つことが重要なのです。正しい価値観、間違った価値観などというものはありません。大事なことは、自分が何を信じるか。他人の目を忘れて、自分自身を見つめ直してみましょう。

自尊心と誇り

自尊心＝他人に評価されることで得られるもの

誇り＝自分の価値観から生まれるもの

テストの点数や会社の評価など、他者からの評価が価値基準になっている現代人は、「自尊心」は持てても、「誇り」を持ちにくい。何事にも一所懸命に取り組んで、「誇り」を育てていくことが大切だ。

自分を尊敬しているかが行動を変える鍵

[自分を卑下《ひげ》していると……]
この仕事をやってみないか?
いえ……自分には無理です
チャンスを逃す
[自分を尊敬できると]
この仕事をやってみないか?
はい!がんばってみます
チャンスを生かせる

自分を評価できる人のほうが力を出せる

同じ能力を持っていても、自分を卑下しているか、尊敬しているかによって結果は大きく異なる。自分を低評価していると何事にも消極的になり、本来できるはずのこともできなくなる。自分を尊敬できれば、考え方がポジティブになり、自分を信じて積極的な行動を取れる。自分に誇りを持つ。まずはそこから始めよう。

第3章

ドラッカーに学ぶ
自己実現のためのマネジメントの心得

上田惇生（うえだ　あつお）

ドラッカー学会学術顧問・ものつくり大学名誉教授・立命館大学客員教授

ビジネス界に影響力を持つ思想家として
知られる**ドラッカー**だが、
デカルト以降のモダン（近代合理主義）の限界に
警鐘を鳴らす「**ポストモダンの旗手**」でもあった。
彼が考案した「**マネジメント**」は、
自己実現のための
「**道具**」なのだ。

Profile

1938年埼玉県生まれ。64年慶應義塾大学経済学部卒。経団連会長秘書、国際経済部次長、広報部長、ものつくり大学教授（マネジメント、社会論）を経て現職。『プロフェッショナルの条件』『エッセンシャル版マネジメント』（共にダイヤモンド社）の編集、翻訳のほか、『現代の経営』『経営者の条件』『断絶の時代』『イノベーションと起業家精神』（すべてダイヤモンド社）など、ドラッカーの主要著作のすべてを翻訳。ドラッカー自身から最も親しい友人、日本での分身とされてきた。ドラッカー経営思想の普及によりベスト・リスクマネジャー・オブ・ザ・イヤー2001（リスクマネジメント協会）を受賞。ドラッカー学会（http://drucker-ws.org）の設立に参画して初代代表、現在学術顧問。

Study 1

自己実現のための道具＝マネジメント
現代を代表する知の巨人の秘密

ドラッカーの世界観と人間観

世界観

［**デカルト的世界観**］
分割して理解する

A | B | C ➡ A　B　C

［**ドラッカー的世界観**］（形態的世界観）
総体として
理解する

A | B | C ➡ A ⁝ B ⁝ C

ドラッカーは、あまりに広大であり複雑かつ変化し続けているこの世界は、もはや部分や要素に重きをおくデカルト的世界観では把握しきれないとし、総体とパターンに重きをおく形態的世界観で捉えなければならないとしている。

人間観

［**ドラッカー**］
個 かつ **社会的存在**
⬇
組織は個人が自己実現するための手段

［**従来の人間観**］
個 もしくは **社会的存在**
⬇
組織のための個

人とは個であると同時に、社会的存在である。人は社会を必要とするが、どんな社会でもよいわけではない。「組織とは、個としての人間一人ひとりに対して、なんらかの貢献を行わせ、自己実現させるための手段」（『マネジメント［エッセンシャル版］』）である。ドラッカーは、社会が社会として成立するためには、そこにいる人間に位置づけと役割が与えられ、そこにある権力に正統性がなければならないとした。

Column

ドラッカーの「方法論」

ドラッカーは、自由に利益を追求すれば神の見えざる手によって豊かな社会が実現するとする「ブルジョワ資本主義」も、生産手段を資本家から奪い取って労働者に渡せば歴史の必然として豊かな社会がもたらされるとする「マルクス社会主義」も否定します。万能のイズムやハウツーなどという便利なものはないのです。

ドラッカーは、理想を求めて実証済みの手持ちの道具を使い、ケースバイケースで

ドラッカーの「世界観」とは

ドラッカーは現代を代表する知の巨人だ。社会や組織、人間について、ものの考え方（フレームワーク）や方法（スキル）、言葉（箴言《しんげん》）を教え、今なお世界の政治、経済、マネジメントに影響を与え続けている。まさに20世紀を生き、21世紀を支配する哲人だといえる。

ドラッカーの著述が少しも古びないのは、独特の世界観、方法論、人間観からなる「思想」に裏づけられているからだ。

ドラッカーは、この世はあまりに広大にして複雑、しかも変化して止まないとする。すべては命あるものとして、総体の形態（全体）として捉えなければならない。部分間の因果関係では把握しきれない。

ドラッカーは、デカルト以降のモダン（近代合理主義）の限界に警鐘を鳴らす「ポストモダンの旗手」だった。彼は『断絶の時代』では次のように述べた。

「今日、部分や要素に重きをおくデカルト的世界観から、総体とパターンに重きをおく形態的世界観への急激な移行が、研究と知識の世界におけるあらゆる種類の境界に疑問を投げかけている」

部分に執着してはいけない、総体を見よ、と教えているわけだ。ドラッカー本人は社会を観察する「社会生態学者」と自らを規定する。ドラッカーの書くもの、説くものが広く共感され、道標とされるのはそのためである。

問題や課題に取り組めと説く「正統保守主義者」です。彼は歴史と経験の積み重ねを大事にせよと説きます。

「今や社会にかかわる状況、行動、問題のすべてがあまりに複雑である。唯一の『正しい答え』が通用するはずはない。たとえ答えられたとしても、答えは複数ある。しかも、それらのうちかなり正しいと言えるものさえひとつもない」（『新しい現実』）

頭の中では正しい答えと思っても、実行に移すとうまくいかない、などというときは、ダメだったところを修正し、ふたたび実行に移す。そうやって徐々に正しい方向へ舵をきっていくことを「マネジメント」といいます。ドラッカーは、マネジメントを発見し、発展させた一番の功労者です。

Study 2

広範囲の知識を、どのようにして身につけたか

集中的に勉強せよ

優先順位をつける

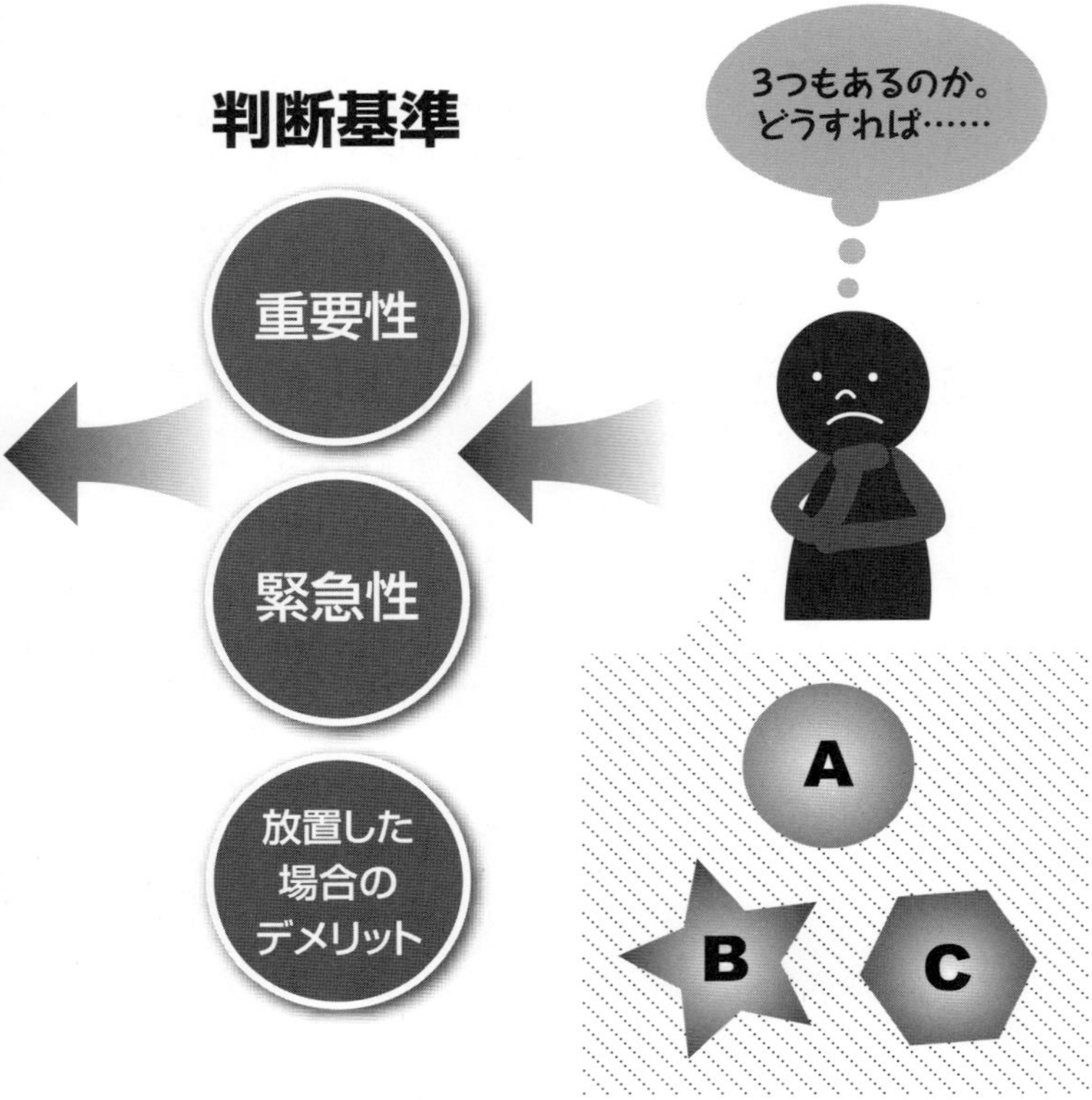

判断基準
3つもあるのか。
どうすれば……
重要性
緊急性
放置した
場合の
デメリット
A
B
C

Column

取り組むテーマ・分野をはっきりさせる

勉強や仕事をするうえで大事なのは「集中」だとドラッカーは言います。

「集中」とは取り組むテーマをはっきりさせ、それ以外のテーマは、ひとまず置いておくことです。

学ぶべき知識は、たくさんあるにもかかわらず、個人が使える時間は限られています。

「知識の探究において、優先順位の決定は容易ではない。しかし、知識の探究には限界がある。使える資源には

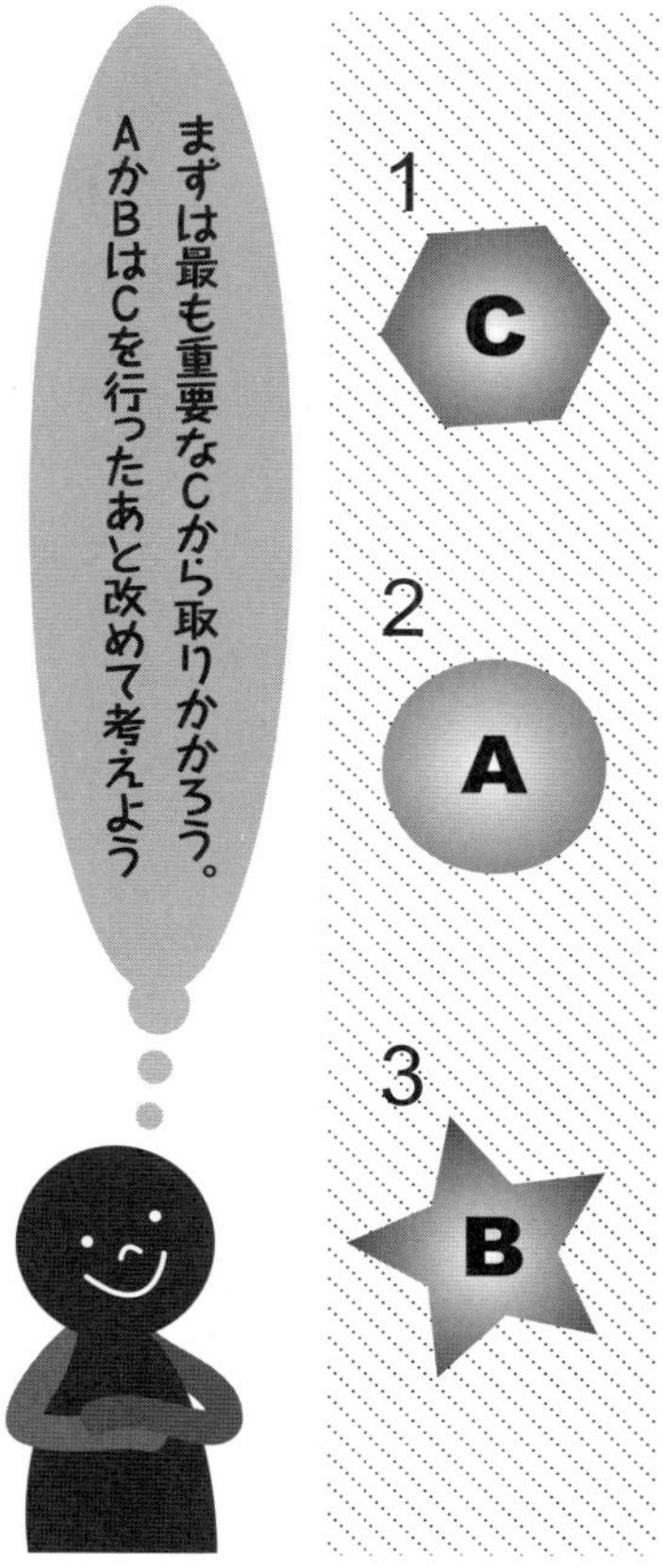
1
C
2
A
3
B
まずは最も重要なCから取りかかろう。
AかBはCを行ったあと改めて考えよう

限りがある」(『断絶の時代』)

　優先順位とは、ものごとに順番をつけることです。

　たとえば、A、B、Cという3つのテーマがあるとすると、時間は有限ですから、「一番大切なCをやろう」そしてCができたら、次は何をやるかと最初から考えるのです。

　知識と、その探究においても優先順位や限界について考えなければいけません。

　ドラッカーは期待と結果を比べることで、「自分が何を行えるか、何が強みか」「何を学ばなければならないか」を知ることができると教えました。

20世紀最高の思想家としてのドラッカー

「マネジメント」の大成者として知られるピーター・F・ドラッカーは単なる経営学者ではなく、「現代社会最高の哲人・思想家」といってよい。経営学、経済学、政治学など社会科学系の学問に加え、哲学、歴史学、美学など人文科学系の学問や日本画にも通じていた。小説『善への誘惑』などを読むと神学にも造詣が深かったことがわかる。こうした広範囲の知識・学問を、ドラッカーはどのように勉強したのだろうか。

　ドラッカーは『プロフェッショナルの条件』の中で、イエズス会の修道士やカルヴァン派の牧師が、何か重要なことを行う際、期待することを書き留めておかなければならなかったこと、一定期間の後、実際の成果とその期待を比べなければならなかったことを紹介している。一種の目標管理の手法を使っていたわけだ。そして「私自身、この方法を50年間続けている」と述べている。

Study 3

知識が能力の源泉
人生を運命づける読書

大量の読書が大学教育の代わりになった

ドラッカーはオーストリア生まれ。ウィーンのギムナジウム（中学高校の一貫校）を卒業後、ドイツのハンブルクで貿易会社見習いになった。

ハンブルク大学法学部にも在籍したが、ほとんど講義には出ていない。当時は、おおらかで、卒業試験に合格しさえすれば、学位を取得することができたのだ。

そのかわり何をしていたかというと、勤め先の向かいに市立図書館があったので、**そこに入りびたり、ドイツ語や英語、フランス語の本を大量に読破**した。後に「ここで本物の『大学教育』を受けた」と振り返っている。

歴史・哲学・経済学・社会学など、さまざまな分野の書籍に目を通し、知識とものの見方を培い、また、19世紀の思想家、セーレン・キルケゴールの著書などを読みふけったという。

Column

人生を運命づける2冊の本に出会った

このとき、ドラッカーは人生を運命づける2冊の本に出会いました。1冊はイギリスの政治理論家エドマンド・バークの『フランス革命についての省察』です。

ドラッカーは、バークの正統保守主義に大きな影響を受けました。なかでもデカルト的な人間の理性への過信（すべての問題は理論で答えが出せる）を危険視する考え方に共感を覚えました。

もう1冊はドイツの社会学者フェルディナンド・テンニースの『ゲマインシャフトとゲゼルシャフト（コミュニティと社会）』です。「人間には社会的な絆が必要だ。絆がなければ弱肉強食のとんでもない社会になる。人は位置づけを得るべきコミュニティと、役割を得るべき社会を必要とする」というテンニースの考えにも共鳴しました。

ドラッカーのヨーロッパ時代

1909年（0歳）	オーストリア＝ハンガリー帝国の首都ウィーンで高級官僚の家に生まれる。
1927年（17歳）	ウィーンのギムナジウムを小学校での飛び級のため一年早く卒業後、ドイツに移住、ハンブルクの貿易商社で見習いとなった。ハンブルク大学法学部にも入学。しかし、余暇のほとんどは図書館で読書にふけった。
1929年（19歳）	アメリカ系投資銀行の証券アナリストの職を得た。ニューヨーク株式市場を「さらに上昇する」とした計量経済学の論文を書いた。しかし市場は数週間後に歴史的な下げを記録、世界は大恐慌に突入した。失職するも、すぐに有力夕刊新聞社に入社、海外ニュースと経済ニュースの記者兼論説委員になった。
1931年（21歳）	フランクフルト大学法学部で博士号を取得した。国際法担当の教授が病弱だったため、かわりに教壇に立つことも多かった。そのとき後に妻となるドリスと知己を得た。 夕刊紙の副編集長に昇格。フル回転で週に3～4本の論説を書き、海外面、経済面の編集も担当した。ゲッベルスに個別インタビューを行った。
1933年（23歳）	ナチスが政権を獲得。「ドイツ保守主義の父」といわれたシュタールの本が脱稿。ナチスがフランクフルト大学に乗り込んできたことから、ドイツを去ることを決意。ロンドンへ渡った。 大手保険会社の証券アナリストを経て、マーチャントバンクのフリードバーグ商会に勤めることになった。ドリスと再会。 イギリス時代には毎週金曜日、ケンブリッジ大学に足を運び、経済学の巨人・ケインズの講義に耳を傾けた。
1937年（27歳）	ドリスと結婚して米国へ移住。フリードバーグ商会から豪華客船の一等船室のチケットをプレゼントされ、2週間の新婚旅行を楽しんだ。

ドラッカーが影響を受けた2冊の本

『フランス革命についての省察』
エドマンド・バーク著

『ゲマインシャフトとゲゼルシャフト（コミュニティと社会）』
フェルディナンド・テンニース著

Study 4

真剣に仕事に取り組め
時間厳守の重要性を叩き込まれる

社会人としての「洗礼」を受ける

ドラッカーは若いころ、実務的な仕事に携わった。机の前に座って、研究や学問に専念していたわけではない。ドラッカーの実務・現実重視の考え方は、そのころ養われた。証券アナリストをやめた後、夕刊新聞社に就職、海外・経済ニュースの担当になった（同時にフランクフルト大学法学部の非常勤講師もつとめた）。

夕刊紙とあって、朝6時に出社しなければならない。出勤初日、ドラッカーが出社すると、オフィスの前に大男の編集長、ドンブロウスキーが立っていた。時計を持って険しい顔をしている。

「6時を4分過ぎている。新聞社の締め切りがわかっていないようだな。朝6時に出社できないようなら、明日から来なくていい」

と叱責を浴びた。いきなり、**時間厳守の重要性**を叩き込まれたわけだ。

Column

焦点は仕事に合わせる

ドラッカーは「焦点は仕事に合わせなければならない。仕事が成果をあげられるものでなければならない。仕事がすべてではないが、仕事がまず第一である」（『マネジメント』）と述べています。仕事は人の成長を促し、どのような方向に能力を伸ばしていけばいいかを示唆します。

ただし、仕事に対する責任感がなければ、成長にはつながりません。いいかげんに仕事をしたり、仲間や先輩に頼ってばかりいたりすると、能力やスキルは向上しないからです。

「成功の鍵は責任である。自らに責任を持たせることである。あらゆることがそこから始まる。大事なものは、地位ではなく責任である。責任ある存在になるということは、真剣に仕事に取り組むということであり、仕事にふさわしく成長する必要を認識するということである」（『非営利組織の経営』）

仕事で最も大切なこととは

ドラッカーの言葉

大事なものは、地位ではなく責任である。
責任ある存在になるということは、
真剣に仕事に取り組むということであり、
仕事にふさわしく成長する必要を
認識するということである。

『非営利組織の経営』

仕事で成功する鍵

＝

責任

社会生態学者としてのドラッカー

政治や社会にも関心の深いドラッカーは自ら「社会生態学者＝ソーシャルエコロジスト」と名乗った。社会生態学とはドラッカーの造語であって、見て、それを伝える体系を指した。社会生態学者は社会を見て重要事や変化を発見、それらがものごとの意味を変える本質的な変化かどうかを考察し、それをわかりやすく伝えることを旨とする。ドラッカーは自らを傍観者と定め、「パレードの先頭にたって歩く者ではなく、パレードのありさまを人に伝えるべき者である」（『傍観者の時代』）とした。

Study 5

ドラッカーに大きな影響を与えた「ヴェルディの教訓」

失敗しても、挑戦を続けよ

ヴェルディの教訓

ヴェルディの
『ファルスタッフ』

ヴェルディはイタリアの作曲家で、生涯に26のオペラを作曲した。ドイツのワーグナーと並ぶ19世紀オペラ界の巨人。『ファルスタッフ』はシェークスピアの『ウインザーの陽気な女房たち』をモチーフにしたもので、３幕のオペラ。太っちょの騎士ファルスタッフが金目当てに２人の夫人に近づこうとするが、さんざんにやりこめられる喜劇。

何歳になっても失敗と挑戦を繰り返す

ドラッカーの生涯に大きな影響を与えた「ヴェルディの教訓」と呼ばれるエピソードがある。

ドラッカーはハンブルク時代、毎週のように行列に並んで大学生用の余り券をもらい、オペラを聴きに行った。

ある日、『椿姫』などの作品で知られる19世紀を代表する作曲家ヴェルディが80歳の時に書き上げた最後のオペラ『ファルスタッフ』を聴いた。はじめてこの作品を聴いた時、ドラッカーはその力強さに衝撃を受ける。

その後、ヴェルディが80歳という高齢になってまで、なぜこれほどの壮大で難解なオペラを書こうとしたのかを本で知り、さらなる感銘を受けた。その本にはヴェルディの次の言葉が書かれていた。

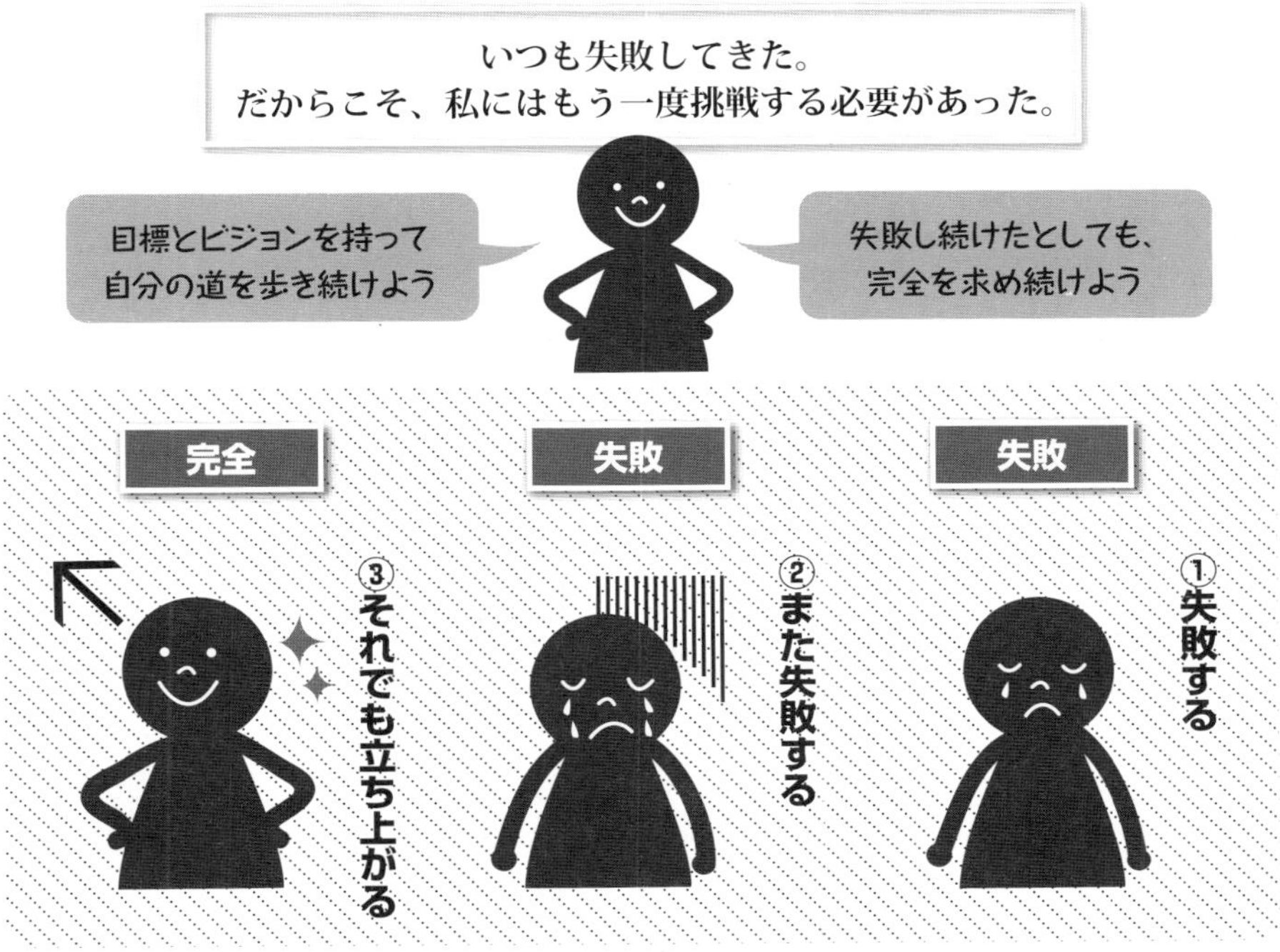

いつも失敗してきた。
だからこそ、私にはもう一度挑戦する必要があった。
失敗し続けたとしても、
完全を求め続けよう
目標とビジョンを持って
自分の道を歩き続けよう
失敗
①失敗する
失敗
②また失敗する
完全
③それでも立ち上がる

「いつも失敗してきた。だからこそ、私にはもう一度挑戦する必要があった」

Column

自らを成長させるのは自分自身

私たちの多くは組織（企業）に所属していますが、自らを成長させるのは組織ではなく、自分自身です。ドラッカーも「成長に最大の責任を持つ者は、本人であって組織ではない。自らと組織を成長させるためには何に集中すべきかを、自ら問わなければならない」（『非営利組織の経営』）と述べています。

ヴェルディは、若いころから自らの仕事に対する評価が厳しい人であったといいます。「いつも失敗してきた」わけではありませんが、死ぬまで「もっといい仕事をしよう」という意識を持ち続けていました。

それを知ったドラッカーはヴェルディの言葉を心に刻みつけて、「私もいつまでも目標とビジョンを持って自分の道を歩き続けよう。失敗し続けたとしても、完全を求め続けていこう」と決意したそうです。

ドラッカーも「何について改善する必要があるか」を、いつも自分に問い続ける人となりました。

Study 6

完全を求めよ
自分の行為に常に不満を持て

不満を持ち続けることが改善を促す

ドラッカーは、仕事について厳しかった。

「他の者が行うことについては満足もありうる。しかし、**自らが行うことについては責任があるだけ**である。自らが行うことについては、常に不満がなければならず、常によりよく行おうとする欲求がなければならない」（『現代の経営』）

ドラッカーの姿勢を象徴するエピソードとして、ドラッカーが感銘を受けたという「フェイディアスの教訓」とよばれる話がある。ハンブルクに住んでいたころ、ギリシアの彫刻家フェイディアスについて書かれた本を読んだ。パルテノン神殿の彫刻像の完成後にフェイディアスから出された制作費の明細書を見て、アテネの会計官は顔をしかめて支払いを拒んだのだ。その理由は、何だったのか。

Column

見えない部分も神々は見ている

会計官が支払いを拒んだ理由は、どの位置からも絶対に見ることのできないはずの丘の上の神殿に立つ彫刻像の背中の部分の制作費まで記されていたからです。

「見えない部分まで勝手に彫刻しておいて、請求してくるとはなにごとか」と怒る会計官に対してフェイディアスは答えました。

「そんなことはない。神々が見ている」

この言葉にドラッカーはひどく心を打たれました。それを機に「神々しか見ていなくとも、完全を求め続けていこう」と考えるようになったそうです。完全を求めれば、絶えざる改善に取り組むようになります。

「歴史上あらゆる芸術家が、体系的かつ継続的な自己改善を行ってきた。改善の目的は、製品やサービスを改良し、2、3年後にはまったく新しい製品やサービスにすることである」（『未来への決断』）

ドラッカーの、けっして自分に妥協しない姿勢は、こうした思想に裏打ちされているのです。

フェイディアスの教訓

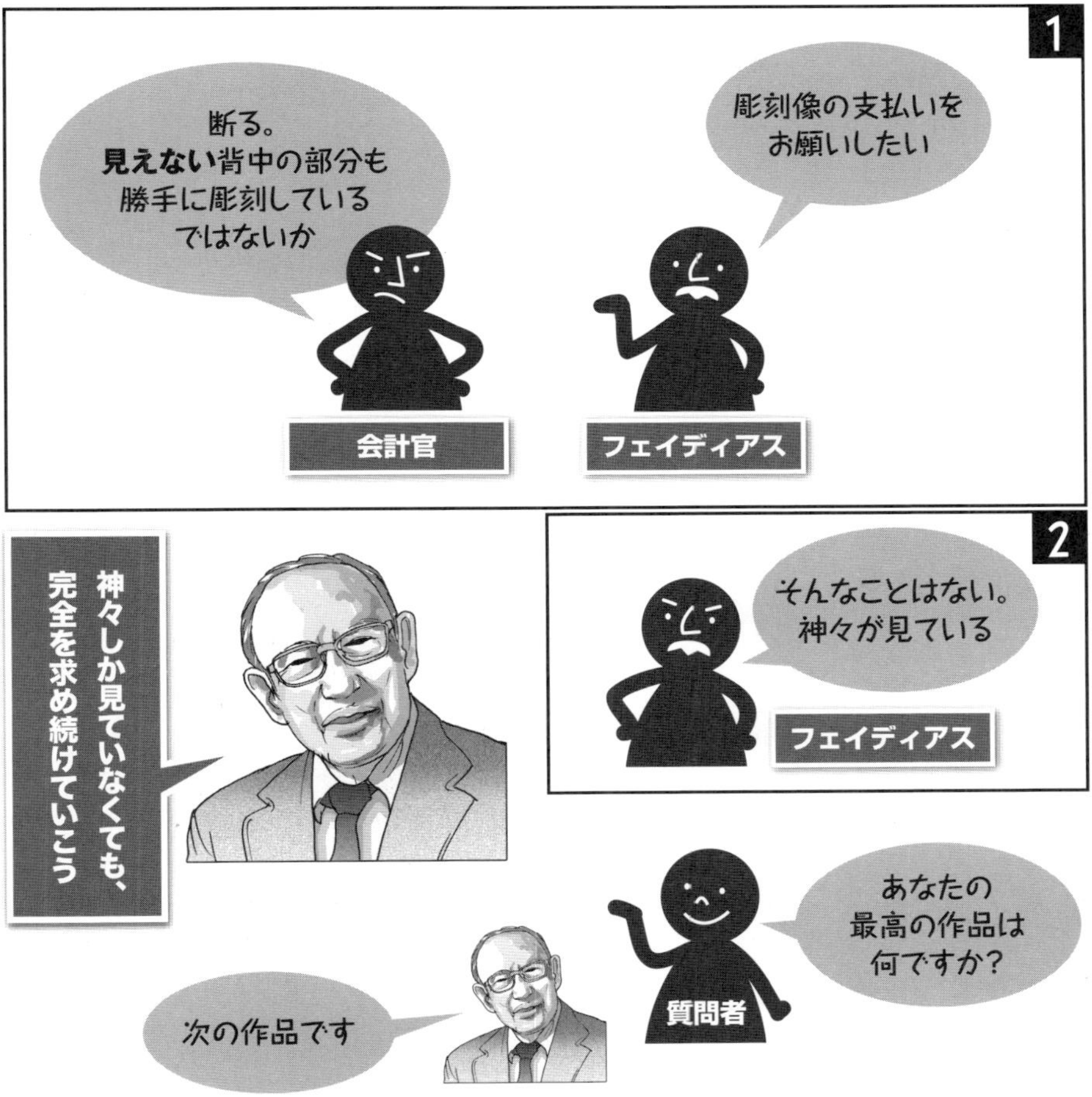
1
断る。
見えない背中の部分も
勝手に彫刻している
ではないか
彫刻像の支払いを
お願いしたい
会計官
フェイディアス
神々しか見ていなくても、
完全を求め続けていこう
2
そんなことはない。
神々が見ている
フェイディアス
あなたの
最高の作品は
何ですか？
質問者
次の作品です

ドラッカーは理想を追い求めて、自分に妥協しなかった

フェイディアス（ペイディアス）

古代ギリシアの彫刻家。アテネ同盟の指導者・ペリクレスと交流があり、パルテノン神殿建設の際、総監督を務めたといわれる。アテナ・パルテノス、アテナ・レムニア（レムノスのアテナ青銅像）、オリンピアのゼウス像などをつくったとされるが、現存するのはレムノスのアテナ青銅像の複製だけだ。

Study 7

実践的な能力は生まれつきの才能ではない

実践的な能力は習得できる

成果をあげるための５つの方法

1 時間を体系的に管理する

何に自分の時間がとられているかを知り、時間を体系的に管理する。やる必要のない仕事や成果に結びつかない仕事は切り捨てる。

2 外部への貢献に焦点を合わせる

内部ではなく、外の世界に対する貢献に焦点を合わせる。会社からいわれた仕事をこなすだけではなく、自分の仕事が社会とどう関わっているのかを考える。

成果をあげる能力は習得できる

ドラッカーは「成果をあげることはひとつの習慣である。実践的な能力の積み重ねである。実践的な能力は、習得することができる。それは単純である。あきれるほどに単純である」（『経営者の条件』）と述べている。**実践的な能力は生まれつきの才能ではなく、習得することのできる技術**だというわけだ。

ただし、成果をあげる能力を習得する前に、注意しなければならないことがある。ひとつは、自分が読む人間なのか、それとも書く人間なのかを知ることだ。世の中には読み手と書き手がおり、両方を兼ねている人は少ない。どちらであるかによって学び方は変わってくる。

そしてもうひとつは、学び方には何種類もあるということだ。ベートーヴェンは膨大なメモを取るこ

問題解決のプロセスにあてはめると、問題の正体を明らかにし、その原因を探り、複数の解決方法（選択肢）を考え、そのなかから最も効果的・効率的な方法を選択し、実行に移す。

3 自分の強みを発見し、仕事の基盤にする

自分の強みを発見し、それを仕事の基盤にする。強みを伸ばすことで、弱みが弱みでなくなる場合もある。

4 優先順位をつける

際立った成果をあげられる領域に力を集中させる。そのために仕事や行動に優先順位をつける。

5 意思決定

単に、どのように行動するかを決定するのではなく、成果をあげるよう合理的に判断する。

とによって学んだが、GM（ゼネラル・モーターズ）中興の祖であったアルフレッド・P・スローンは会議中にメモを取らなかった。自分に合ったやり方を見つけることが、能力を習得する早道になる。

Column

自らの成長に責任を持つ

ドラッカーは、こういいます。「そもそも能力がなくては優れた仕事はありえず、自信も持ちえず、人としての成長もありえない」(『プロフェッショナルの条件』)。ドラッカーは「問い」を投げかける人でした。質問と回答という作業を通して真理へ近づいていきました。それらの質問のうち、ドラッカー自身が最も重要だとしているものが「何によって憶えられたいか」です。この問いへの答えを念頭に置いて、成果をあげるための5つの方法を駆使するならば、それこそ鬼に金棒となるでしょう。

ドラッカーは、かかりつけの歯科医に同じ質問をしました。答えは「（患者が亡くなった後、腕のいい解剖医が解剖したとき）『この人は一流の歯医者にかかっていた』と言ってくれることだ」というものでした。この問いを自分に問いかけることで人生が変わります。

Study 8

何に時間をとられているかを明らかにせよ

時間を奪う非生産的な要求を退ける

時間マネジメントのプロセス

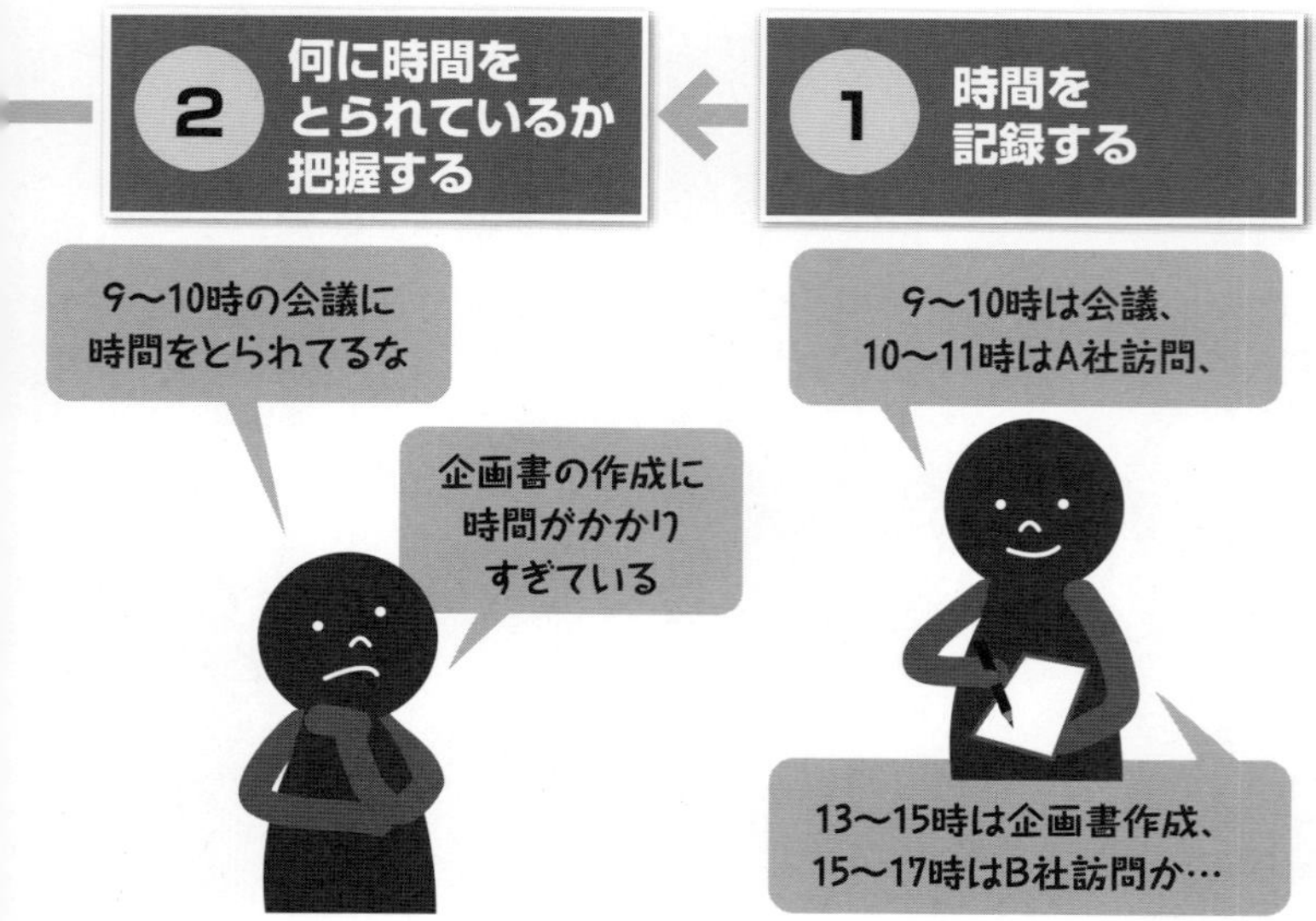
1 時間を記録する
2 何に時間をとられているか把握する
9〜10時は会議、10〜11時はA社訪問、
13〜15時は企画書作成、15〜17時はB社訪問か…
9〜10時の会議に時間をとられてるな
企画書の作成に時間がかかりすぎている

はじめに身につけるべきは時間の使い方

1日は24時間しかない。余っているからといって貸すことはできないし、足りないからといって借りることはできない。成果をあげようと思う者は、まず時間をマネジメントしなければならない。時間の使い方こそ、仕事ができるようになる第一歩だといえる。

「成果をあげる者は仕事からスタートしない。時間からスタートする。計画からもスタートしない。**何に時間をとられているかを明らかにする**ことからスタートする。次に、時間を管理すべく、時間を奪おうとする非生産的な要求を退ける。そして最後に、得られた自由な時間を大きくまとめる」（『経営者の条件』）

まずは何に時間をとられているかを明らかにする

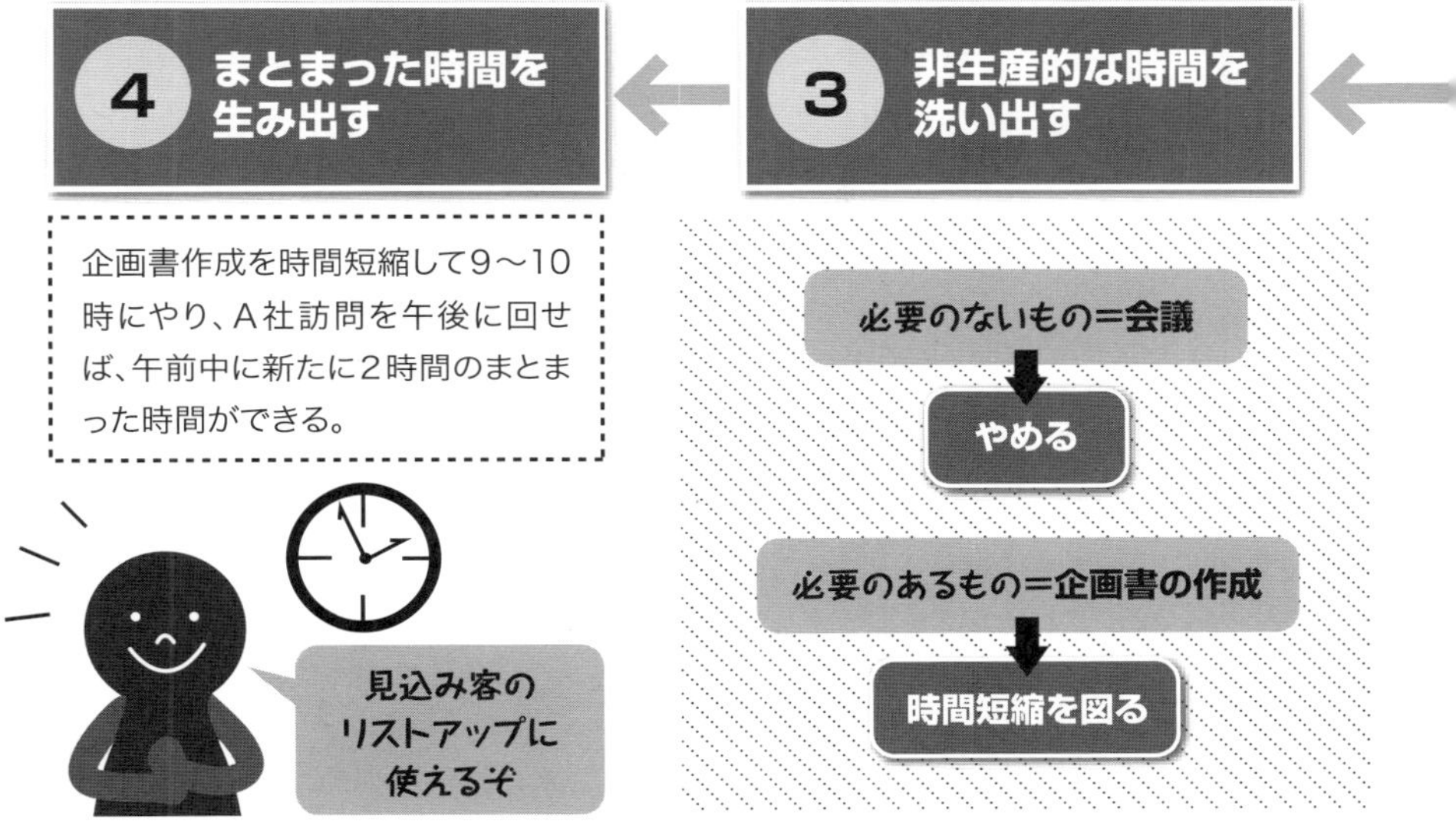
4
まとまった時間を生み出す

企画書作成を時間短縮して9〜10時にやり、A社訪問を午後に回せば、午前中に新たに2時間のまとまった時間ができる。
見込み客のリストアップに使えるぞ

3
非生産的な時間を洗い出す

必要のないもの＝会議
やめる
必要のあるもの＝企画書の作成
時間短縮を図る

ことだ。必要のない仕事や時間のムダである仕事を見つけ、捨てなければならない。

Column

時間を記録することからスタート

時間のマネジメントは時間を記録することからスタートします。

❶時間を記録する

❷記録を検討し、何に時間をとられているかを把握する

ドラッカーは「すべての仕事について、まったくしなかったならば何が起こるかを考えればよい。『何も起こらない』が答えであるならば、その仕事はただちにやめるべきである」（『現代の経営』）と説きます。不要な会議への出席、不要な報告書の作成などの業務は検討の余地があります。

❸時間を奪っている非生産的な要求を洗い出し、必要のないものは捨て、必要なものも時間短縮を図る

❹③の作業で得られた時間をまとめる

こまぎれの時間がいくらあっても、まとまった仕事はできない。それらをまとめて、成果をあげられるだけの時間を確保しなければならない。

Study 9

新しい仕事で成果をあげる

新しい仕事には新しいやり方を

立場が変われば仕事のやり方も変わる

ドラッカーはヒトラーが権力の座についたドイツでは、文筆で身を立てることも教壇に立つことも難しいことを知りイギリスに渡った（逮捕の危険さえあった）。イギリスでは保険会社で証券アナリストを務めた後、マーチャントバンクでパートナー補佐の仕事に就いた。

ところが、3ヵ月ほどして、パートナーのひとりから「アナリストの仕事をいつまでやっているのか。君はパートナー補佐じゃないか」と叱責を受けた。立場が変わったのに、以前と同じ仕事を続けていたのだ。そこで、ドラッカーは「新しい仕事で成果をあげるためには何をしなければいけないか」を自問し、**仕事の内容もやり方もパートナー補佐としてのそれに、すっかり改めた**。以来、ドラッカーは仕事を変えるたびに、そのことを自問し、新しい仕事で成果をあげることに力を注いだ。

Column

目線の高さがなければ、飛躍は難しい

前の仕事で優秀だった人物の多くが職や立場が変わると、実力を発揮できなくなります。能力やスキルが落ちたのではなく、前の職・立場で行っていたやり方を踏襲しているため、新しい仕事に対応できなくなっているのです。

「新しい任務で成功するうえで必要なのは、卓越した知識や卓越した才能ではない。それは、新しい任務が要求するもの、つまり新しい課題において重要なことに集中することである」（『プロフェッショナルの条件』）

そう考えると、自分が果たすべき「貢献」が見えてきます。組織の成果に影響を与えるような貢献は何かを自らに問いかけ、何に集中すべきかを定め、目線をあげることです。もちろん、世のため人のためという目線の高さがなければ、飛躍は難しくなります。必ず惰性という名の落とし穴に落ち込むからです。

仕事が変わるたびにやり方を一新する

1
今日から、
お世話になります
Merchant
Bank
2
キミは
アナリストの仕事を
いつまで
やっているのか
3
成果をあげるためには、
どうすればいいのだろう
4
これまでのやり方は
すべて改めて、
パートナー補佐として
頑張るぞ

ケンブリッジ大学でケインズの講義を受講

ドラッカーは、イギリス時代、毎週金曜日になるとケンブリッジ大学で、20世紀最高峰の経済学者、ジョン・メイナード・ケインズの講義を聴いた。数百人の受講者が集まる人気の授業で、ケインズが数字を使わずに話した後、ユダヤ人の数学者が数字を黒板に書きつづけるスタイルだった。講義が終わった後は劇場へ移動、ケインズの妻のロシア人バレリーナのパフォーマンスを楽しんだ。

ただし、ケインズ経済学には、もの足りなさをおぼえた。人間や社会に関心が強かったドラッカーにとって、経済学は商品の動きばかりを追い、人間を顧みないように感じたのだ。ドラッカーの考えは個人的にも親交があったヨーゼフ・シュンペーターに近かった。シュンペーターは「創造的破壊（革新）」を唱え、ドラッカーのイノベーション論に大きな影響を与えた。

Study 10

強みを伸ばせ

不得手なことの改善に時間を使うな

自分自身の強みを知ろう

1 自分の強みは意外に見えていない

知っている仕事はやさしい。そのため、自らの知識や能力には特別の意味はなく、誰もが持っているに違いないと錯覚する。逆に、自らに難しいもの、不得手なものが大きく見える。

『創造する経営者』

2 強みを分析することで、これから力を入れなければいけない分野がわかる

強みの分析は、既存の強みをいかなる分野で増強すべきかを教えるとともに、新しい強みをいかなる分野で獲得すべきかを教える。

『未来への決断』

Column

誰だって得手不得手がある

人間には、誰だって得手不得手があります。算数はできないけれど、国語は得意という子もいれば、歌は上手ではないけれど、走ることだけは、誰にも負けないという子もいます。

組織で働く大人たちも同じです。細かい作業は苦手だけど、人と話すのがうまい人もいれば、逆に社交的ではないけれど、机に向かって行う作業には抜群の集中力を発揮する人がいます。

社交的でない人の中には、

3 卓越した領域をつくれ

多くの領域において卓越することはできない。しかし成功するには、多くの領域において並以上でなければならない。さらにいくつかの領域において有能でなければならない。そして、ひとつの領域において卓越しなければならない。

『創造する経営者』

得意分野に時間も労力も集中させる

ドラッカーは弱み（不得手なこと）を改善するより、「強みを伸ばせ」と強調する。「不得手なことの改善にあまり時間を使ってはならない。自らの強みに集中すべきである。**無能を並の水準にするのは、一流を超一流にするよりも、はるかに多くのエネルギーと努力を必要とする**」（『明日を支配するもの』）

これはドラッカー本人の小学生のときの体験がもとになっているようだ。ドラッカーは国語、算数などの教科は抜群に優秀だったが、ペン習字だけは点数が低かった。ドラッカーは、くせのある字で、小学校の教師ミス・エルザは「いくら作文が上手でも、字が下手だと読んでもらえませんよ」と、きれいな字を書けるよう懸命に指導したが、とうとう直らなかったのだ。

それをコンプレックスと感じ、なんとか上手に人と話せるようになりたいと考えて、会話のノウハウについて書いた本を読んだり、話し方教室に通ったりする人もいます。

そうした努力は悪いことではありません。

しかし、ドラッカーは「弱みを克服しようとするよりも、強みを伸ばすことを考えるべきだ」と説くのです。

自分の属する場所を知るためには、自分の強みを知ることが不可欠です。強みを知るためには67ページで述べた、目標管理の手法を使う必要があります。

Study 11

どちらでもない解決法を思いつく

二者択一ではなく、総体を見よう

ポストモダンの時代を生きるための7つの作法

1 見る

部分ではなく、総体に注目する。

2 わかったものを使う

すでにわかっていること、すでに起こったことをもとに行動せよ、ということ。ドラッカーは「すでに起こった未来」という言い方で、「今起こっていることをしっかり観察すれば、その結果次に起こることが見えてくるはず」と述べている。

3 基本と原則を使う

絶えず基本あるいは原則に戻れ、ということ。方向に迷ったとき、問題に直面して解決方法が容易に見えないときなど、基本と原則に立ち返ることで方向や解決方法が見えてくる。ただし、万能のものとして使うのではなく、補助線として使うことが重要だ。

二者択一をしない生き方

ドラッカーがナチスから逃れて英国に渡った際、フランクフルト大学時代の後輩だったドリスと劇的な再会を遂げた。恋に落ちたふたりは、まもなく一緒に住むようになった。

ふたりは結婚を望んでいたが、当時のイギリスでは女性は結婚すると、退職しなければならなかった。世界恐慌後、景気回復が思わしくなく、女性が仕事を続けると男性の職が奪われると思われていたからだ。職を選ぶか、結婚を選ぶか。二者択一であれば、しばらく結婚できそうもなかった。

ところが、ここでふたりは、そのどちらでもない解決法、つまりアメリカへの移住を考えたのだ。結婚してふたりとも退職し、元の職場から乗船チケットが贈られ、豪華客船でアメリカへ渡った。

4　欠けたものを探す

ギャップを探して新しいニーズを見つけることを意味する。私たちの目には大事なものの多くが見えていない。しかし、目に見えないものによって現実の多くは支えられている。欠けたものを探すことで、見えないものが明らかになるだけでなく、見えるものの意味もわかってくる。

5　自らを陳腐化させる

ポストモダンの社会は変化し続けている。過去と同じことをしていては、すぐに遅れをとってしまう。そこで、あえて自らを陳腐化し、絶えず新しいものにチャレンジし続けていくことが重要になる。

6　仕掛けをつくる

理想を実現するための仕掛けをつくること。たとえば、達成すべき目標を定め、それに向かって実行し、その結果、成功・失敗にかかわらず、反省して改善し、成功を習慣化することなどが考えられる。

7　モダンの手法を使う

モダンとは近代合理主義のこと。ポストモダンは「近代の次」を指す。ドラッカーはモダンの手法を「論理と分析」、ポストモダンの手法を「観察と知覚」と定義した。モダンの手法は、ややくたびれてきたとはいえ、手法としての限界が存在することをわかったうえで使えば大きな力を発揮する。そもそも、ドラッカー自身が「論理と分析」にも力のある人だった。

アメリカへの移住は、ふたりの運命を大きく変えた。むしろ、次のステップへの扉が開かれたのだった。

Column

あらゆるものが、あらゆるものと関係

ドラッカーはポストモダンの時代を生きるためには、それなりの作法が必要だと言っています。

すなわち、「見る」「わかったものを使う」「基本と原則を使う」「欠けたものを探す」「自らを陳腐化させる」「仕掛けをつくる」「モダンの手法を使う」ことです。

このうち、「見る」とは総体を見る。すべてを命あるものとして見るということです。

部分を見るのではなく、総体を見ることの大切さを高等数学の「バタフライ効果」を例にあげて説明しています。アマゾンの密林でチョウが1羽、パタパタと羽ばたいた。そして、たまたま次の週にシカゴで雨が降ったとしましょう。互いに何の関係もなさそうですが、ふたつが無関係であることは証明できないというのがバタフライ効果なる理論です。

あらゆるものは、あらゆるものと関係しうる。だからこそ、総体としての全体を見ることが大切になります。

Study 12

機会がやってきても、みすみす逃してしまう
自分の長所を他の人に聞く

自分の強みを正確に把握する

「自らの強み、仕事の仕方、価値観がわかっていれば、機会、職場、仕事について、私がやります、私のやり方はこうです、こういうものにすべきです、他の組織や人との関係はこうなります、これだけの期間内にこれだけのことを仕上げます、と言える」（『明日を支配するもの』）

しかし、このように言える人は少ない。なぜなら、**自分の強みや仕事の仕方、価値観を、きちんと把握していないから**である。ということは仮に機会がやってきたとしても、「自らにとっての機会が何なのか」わかっていないから、みすみす逃してしまうことになりやすい。

ドラッカーは現代最高の哲人とも、マネジメントの父とも呼ばれたが、その強みは社会生態学者（ドラッカーの造語）としての能力、すなわち社会を見て、意味のある変化を見極める能力にあった。

Column

自分の強みを知っている人は少ない

ドラッカーは『明日を支配するもの』の中で、自分の強みを知っている人は少ないと指摘しています。

「誰もが自らの強みについてはわかっていると思う。だがたいていは間違っている。わかっているのはせいぜい弱みである」と。

しかし、強みがわかっていないと、仕事に対する自信が持てないし、強みを発揮する機会が訪れても、上司や関係者に「私がやります」と効果的にアピールできません。

そこで、ドラッカーは「見る」ことの補完として、他の人に自分の長所を聞くことの重要性を強調しました。自分の「強み」がどこにあるのかは本人には意外とわからないものですが、人から言われると気づくことがあります。

こうした「見て、聞いて、総体を捉える能力」がポストモダンの時代には必要になってくるというのです。

自分の強みを見つけよう

自分の強み・仕事の仕方・価値観がわかる

↓

機会（チャンス）が訪れたとき、手をあげられる

私がやります
これだけの期間内に
これだけのことを
仕上げます
私のやり方は
こうです
こういうものに
すべきです
他の組織や
人との関係は
こうなります

自分の強み・仕事の仕方・価値観がわかっていない

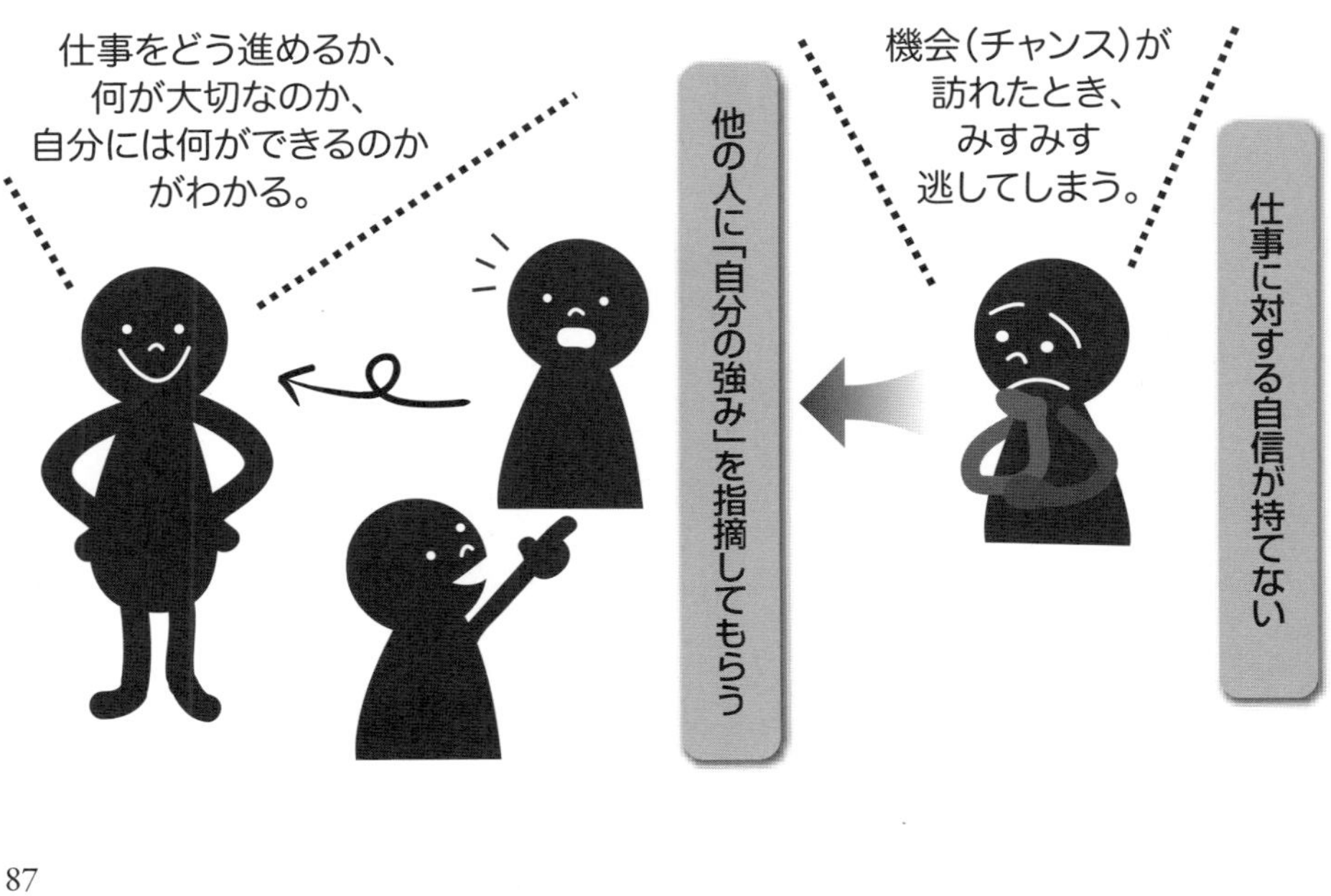
仕事に対する自信が持てない
機会（チャンス）が
訪れたとき、
みすみす
逃してしまう。
他の人に「自分の強み」を指摘してもらう
仕事をどう進めるか、
何が大切なのか、
自分には何ができるのか
がわかる。

Study 13

優先順位を決定せよ

手をつけない仕事もありうる

しなければいけないことが山のようにあり、使える人員や時間が、すべてをこなせるだけなければ、優先順位を決めなければならない。場合によっては手をつけない仕事もありうる。ドラッカーも「なすべきことは、利用しうる資源よりも多く残る。機会は実現のための手段よりも多い。したがって、優先順位を決定しなければ何事もなしえない」（『創造する経営者』）と述べている。

優先順位を決定する際の原則としてドラッカーは次の4点を示した。

過去ではなく未来を選べ

第1に、過去ではなく、**未来を選ぶ**こと。第2に、問題ではなく、**機会**に焦点を合わせること。第3に、他と横並びではなく**独自性**を持つこと。第4に、無難で容易なものではなく、**変革をもたらすもの、大胆なものを選ぶ**ことである。過去、問題、横並び、無難なものへの執着を断つよう教えている。

Column

習慣化すれば、優先順位の決定は難しくない

「知識労働の生産性向上のために最初に行うことは、行うべき仕事の内容を明らかにし、その仕事に集中し、他のことは可能な限り行わないことである。そのためには知識労働者自身が、仕事が何であり、何でなければならないかを知らなければならない」（『明日を支配するもの』）

仕事に優先順位をつけることを習慣化してしまえば、実は優先順位の決定は、さほど難しくはありません。順番を決めたところで、最終的には、すべての仕事をこなせるかもしれないからです。

ただし、優先順位が下位のものには、「何もしない」という代替案が常に存在します。その仕事について、何もしなかったら何が起こるかを考え、何も起こらないのであれば、その仕事をする必要はありません。

優先順位を決定する際の原則とは

1　過去ではなく、未来を選ぶ
過去
未来
2　問題ではなく、機会に焦点を合わせる
問題
機会
3　他と横並びではなく、独自性を持つ
横並び
独自性
4　無難で容易なものではなく、変革をもたらすもの・大胆なものを選ぶ
無難・容易なもの
変革をもたらすもの・大胆なもの

意見は不一致なほうがおもしろい

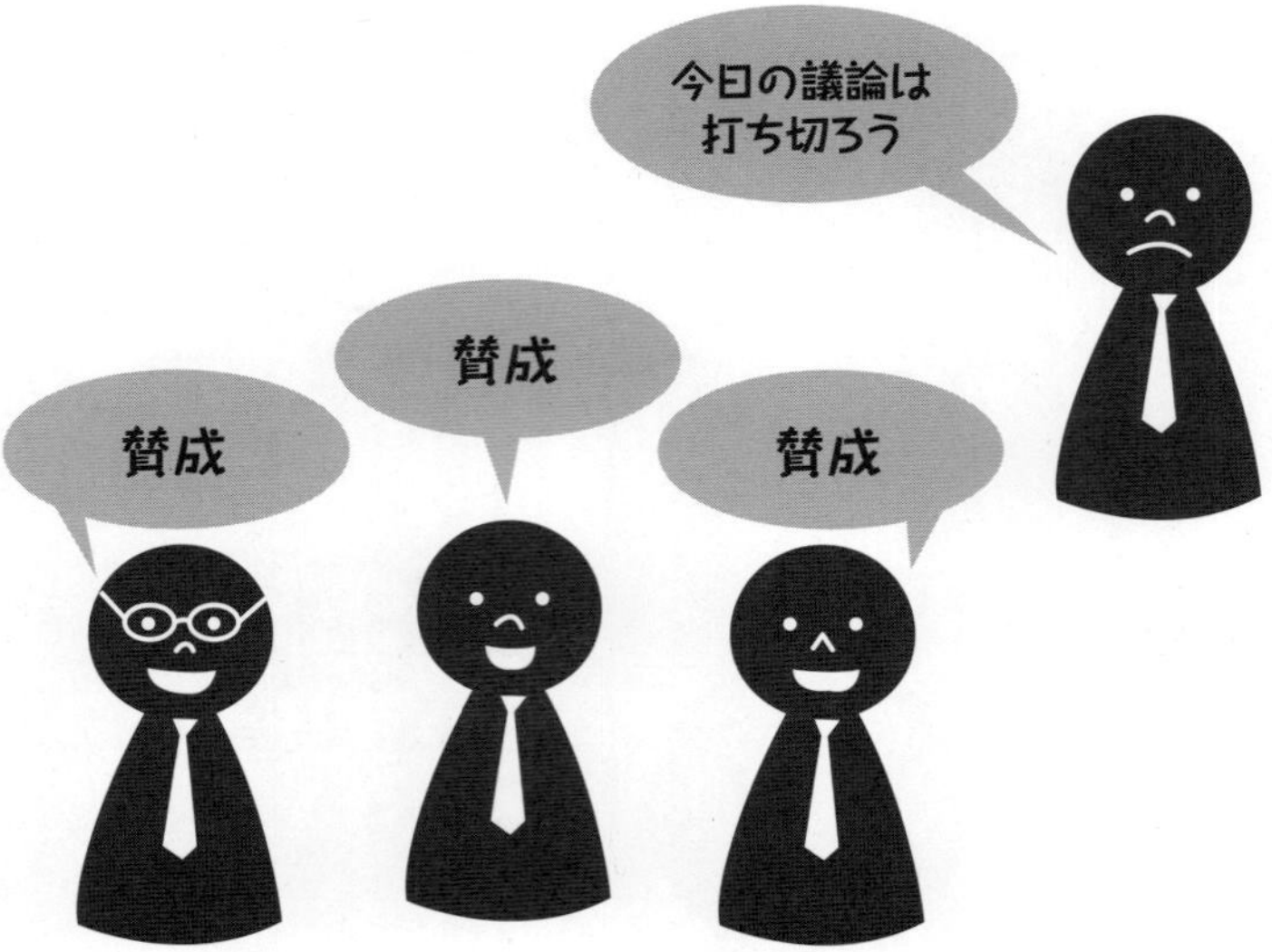

Study 14

意見の不一致をつくれ

二者択一は視野が狭くなる

異論がないと答えは出ない

ドラッカーはやるかやらないか、AかBかといった二者択一を嫌う。視野が狭くなり、採用した案の弱みやデメリットに思いが至らないからだ。

ドラッカーによると、GM中興の祖、アルフレッド・P・スローンは何かを決めなければいけない重要な会議で、参加者全員の意見が最初から一致したとき、次のように述べたという。

「どうやら全員の意見が一致している。今日の議論はここで打ち切り、あらためて次の会議で、この議題について話し合うことにしよう。そうすれば、異なった意見を思いついたり、この問題について、より深く考えることができるだろう」

スローンが全員一致を嫌がったのは、**正しい判断をくだすためには異なった意見が欠かせない**と考え

意見の不一致が歓迎される理由

1 組織の囚人になることを防ぐ

利害や雰囲気に流されず、合理的・理性的な判断ができる。

2 選択肢を増やし、代案を得る

反対意見が出ることで、もとの案の精度が高まり、失敗したときの代案が得られる。

3 参加者の想像力を刺激する

想像力を刺激し、いろいろなアイデア・発想が出てくる。

たからである。

場合によってはリーダーやマネージャーは常に異論を生み出す努力をする必要があります。

Column

反対意見こそ、想像力の最も効果的な刺激剤

意見の不一致が歓迎される理由は3つあります。第1に、組織の囚人になることを防ぐためです。

組織ではあらゆる者が、あらゆる決定から何かを得ようとします。参加者の思惑が入り乱れ、利害だけで意思決定が行われるおそれがあります。問題の理解を抜きにした決定は、きわめて危険です。

第2に、選択肢を増やすため、すなわち代案を得るためです。最初に出た案に決まってしまうと、その案を実行して、間違っていることがわかったとき、次に頼るべき案がありません。

反対意見が提示されれば、いろいろな検討が加えられ、選択肢として整えられます。

第3に、参加者の想像力を刺激するためです。裏づけが示され、検討し尽くされた反対意見こそ、想像力にとって最も効果的な刺激剤となります。意見の不一致こそ宝の山なのです。

Study 15

成果がなければ、温かな会話や感情も無意味

一緒に働く人たちを理解せよ

組織のあるべき姿とは

1 組織のモデルはオーケストラ

明日の組織のモデルは、オーケストラである。250人の団員はそれぞれが専門家である。チューバだけでは演奏できない。演奏するのはオーケストラである。オーケストラは、250人の団員全員が同じ楽譜を持つことによって演奏する。

『ポスト資本主義社会』

2 マネジメントは強みを発揮させ、弱みを無意味にする

マネジメントとは、人にかかわるものである。その機能は人が共同して成果をあげることを可能とし、強みを発揮させ、弱みを無意味なものにすることである。

『新しい現実』

Column

いろいろな人が集まることで、強い力を発揮

人間関係を重視するあまり、メンバーの個性を押し殺そうとすると、成果はあがりません。

人間というのは、もともとデコボコがあってあたりまえの存在です。

日本の小学校や中学校では算数も国語も体育も音楽も、全部それなりにできなければいけないと考えて、デコボコを、なるべくなくそうという教育をいまだにやっていますが、本来はデコボコでいいのではないでしょうか。

3 組織を一体にするのは共通の使命

明確かつ焦点のはっきりした共通の使命だけが、組織を一体とし、成果をあげさせる。焦点の定まった明確な使命がなければ、組織はただちに組織としての信頼性を失う。

『ポスト資本主義社会』

意見のぶつかり合いが組織を鍛える

リーダーシップをとるときに、気をつけるべきことは、組織の中で、良い人間関係をつくることに気を使いすぎることだ。メンバーの仲が良いことは悪いことではないが、成果が出なければ意味がない。

ドラッカーも「仕事上の関係において成果がなければ、温かな会話や感情も無意味である。貧しい関係のとりつくろいにすぎない。逆に、関係者全員に成果をもたらす関係であれば、失礼な言葉があっても人間関係を壊すことはない」（『経営者の条件』）と述べている。**成果が出ていない組織の温かな会話や感情は、なれあいにすぎない**。成果が出ている組織は激しい言葉が飛び交ったとしても（仕事に対して真剣だから、むしろ激しい言葉が飛び交うことが多い）、仕事やプロジェクトが終わってしまえば、さっぱりしている。

組織的に働くようになると、このデコこそが強みになる。

ヒノキだけを使って建てた家よりも、スギやマツなど、種類の違う木をタテヨコにいくつも組み合わせて建てた家のほうが頑丈だと聞きました。

企業や組織もそれと同じです。いろんな個性と得意分野を持った人が集まることで、より強い力を発揮するようになります。

さらに、組織としての生産性を向上させるためには、人に教えさせることです。組織が、「学ぶ組織」「教える組織」になれば、成長、発展が止まることはありえません。

Study 16

人は真剣な人間のまわりに集まる

真摯さは習得できない

何ごとに対しても真摯な姿勢で臨む

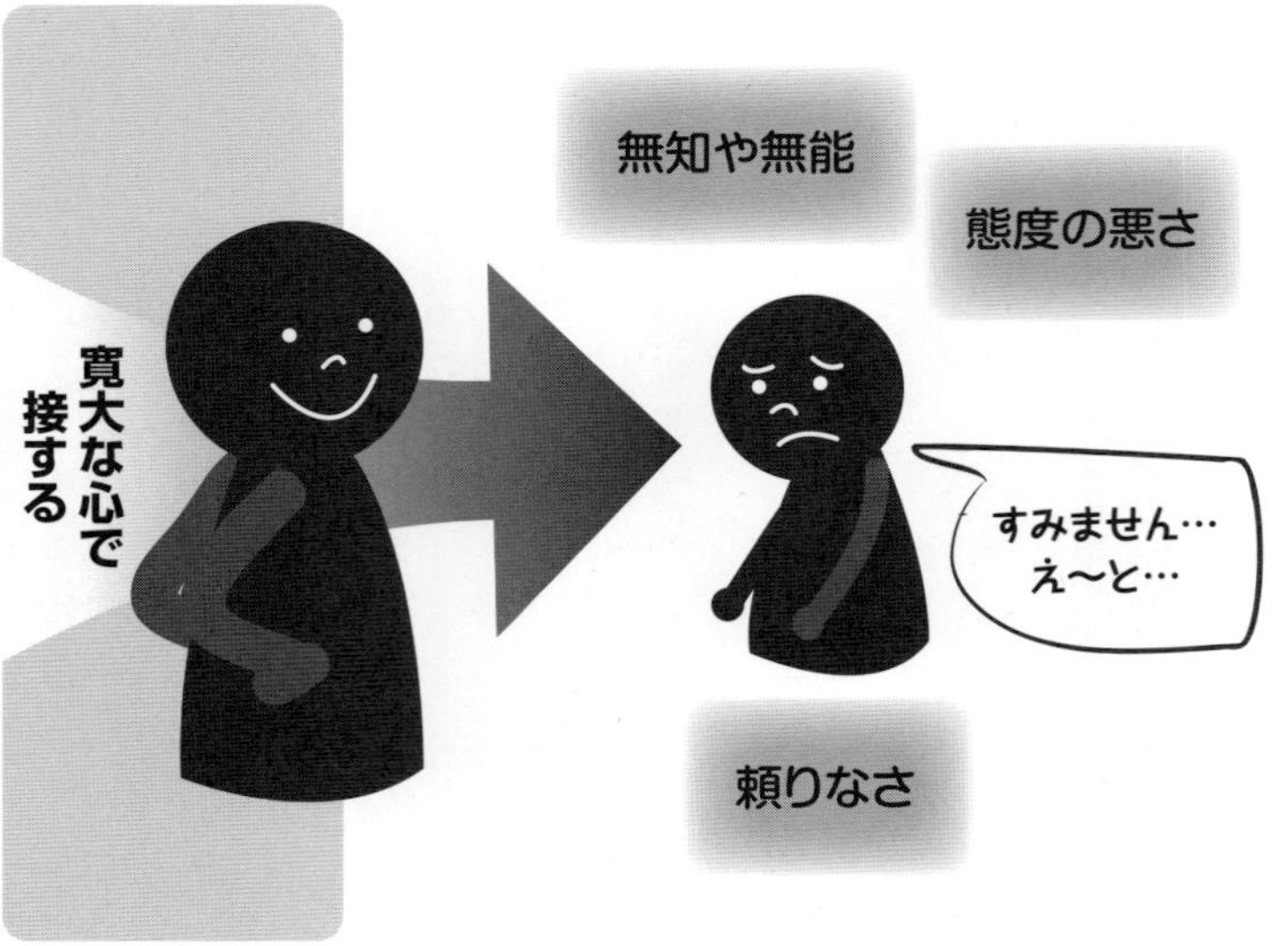

真摯《しんし》な姿勢が幸運を呼び込む

運不運という視点でドラッカーの人生を見ると、幸運の女神に愛されていたことがわかる。こんなことがあった。ニューヨークのコロンビア大学で教鞭をとることになり、下準備で大学を訪れたところ、財政難のため学長が契約書にサインしなかったことを知った。

呆然として地下鉄の駅に向かっていると、ニューヨーク大学ビジネススクールの知人に出会った。新しくマネジメント科を立ち上げるので、教員を探していたのだ。

ドラッカーはその場で採用が決まり、1週間後にはニューヨーク大学で働き始めたのだ。その後マネジメント科を創設し、学科長に就任した。

しかし、こうした運の良さもドラッカーの仕事に

真摯さの欠如
決して許してはならない
へらへら
へらへら
テキトーでいいじゃん

無知や無能、態度の悪さなどを改めさせることは比較的容易だが、真剣さ、真摯に仕事に打ち込む態度はなかなか教えられない。これを身につけさせるためには、厳しい態度で接する必要がある。

対する真摯さがベースになっている。**人は真剣な人間のまわりに集まる**ものだからだ。

Column

真摯さこそ次々に扉を開くカギ

真摯さこそ次々に扉を開くカギです。ドラッカーはこう述べました。

「真摯さは、とってつけるわけにはいかない。すでに身につけていなければいけない。ごまかしがきかない。ともに働く者、特に部下に対しては、真摯であるかどうかは2、3週間でわかる。

無知や無能、態度の悪さや頼りなさには寛大たりうる。だが、真摯さの欠如は許さない。決して許さない」(『マネジメント』)

真摯さは獲得することができず、もともと持っていなければいけない資質です。

特にリーダーには不可欠の要件だといえるでしょう。真摯さがなければ部下とのコミュニケーションや良好なチームワーク、人材育成は難しくなります。

知識やスキルは後天的に身につけることができますが、真摯さは、あとから学ぶことができません。

第4章

アメリカの現代思想を通じて「自由」と「平等」のあり方を学べ

小川仁志（おがわ　ひとし）
徳山工業高等専門学校准教授・哲学者・哲学カフェ主宰

政治、経済、産業、軍事、文化……
さまざまなイノベーションを生み出し、
世界を牽引し続ける**アメリカ**。
アメリカ人の考え方の根底にある
「**プラグマティズム**」とは
どんな思想なのか、そして、
ますます多様化していく社会を
支えている「**自由**」と「**平等**」の考え方とは。

Profile

1970年京都府生まれ。京都大学法学部卒業。2008年、名古屋市立大学人間文化研究科博士後期課程修了。博士（人間文化）。大学卒業後、伊藤忠商事入社。2001年名古屋市役所に入庁。2007年より徳山工業高等専門学校准教授に就任。2011年度にはアメリカのプリンストン大学客員研究員も務める。専門は公共哲学および政治哲学。著書に『はじめての政治哲学』（講談社現代新書）、『すっきりわかる！　超訳「哲学用語」事典』（PHP文庫）、『アメリカを動かす思想　プラグマティズム入門』（講談社現代新書）、『7日間で突然頭がよくなる本』（PHP研究所）など多数。

Study 1

知識を実践として捉える

プラグマティズムは「問題発見力」

プラグマティックな「問題発見」の３つのプロセス

process 1

私たちの意見や信念は、間違うことがある。だから、「本当にそうだろうか？」と常に疑う態度が必要だ。

process 2

あらゆる人の意見に耳を傾ける。そして、今まで見えなかった問題を発見する。

process 3

「問題は必ず解決することができる」という前提のもと、議論を続けてその方法を探求し続ける。

Column

自分の意見を疑い、視野を広げよう

プラグマティズムは、ビジネスにおいては「問題発見」の道具として用いることができます。

たとえば、「ＴＰＰへの加入は、グローバル社会に参加するために絶対に必要なことだ」と考える人がいたとしましょう。プラグマティックに考えるならば、知識に「絶対」はありませんから、「本当にそうだろうか？」と自問することが必要です。「グローバル＝善」という考えを固定化するのではなく、知

変化の激しい時代において、体系的な理論に従う行為は正解に至らないことが多い。

結果を出すには、徹底的に試行錯誤を繰り返すことが重要

アメリカを発展させたプラグマティズムの思想

ベンジャミン・フランクリン、そしてスティーヴ・ジョブズ。このふたりには、アメリカ人であるという以上にひとつの共通点がある。それは、体系的な理論に従うより、結果を求めて徹底的に試行錯誤を繰り返すことで成功を勝ち得たということである。彼らにとって**「知識」は固定化されたものではなく、実践するための道具**にすぎない。

　知識を実践として捉えるという考え方は、実用主義、行為主義などと訳される**「プラグマティズム」**の思想に基づいている。日本人にはあまりなじみのない語ではあるが、プラグマティズムはアメリカ人のものの考え方や行動規範などに大きな影響を与え、20世紀から21世紀を通じてアメリカを政治的、経済的に発展させてきた重要な思想だ。

識を疑ってみるのです。

　次に大切なのは、他の人の意見に耳を傾けてみること。この場合、反対派はもちろん、賛成でも反対でもない中道派をはじめとする、さまざまな人の意見を検討するということになります。すると、視野が広がって、今まで見ることのできなかった問題を発見することができるはずです。

　最後に大事なのは、そこで発見した問題を解決するための方法を探求し続けるということです。プラグマティズムは、知識を固定化、体系化しようとするヨーロッパの哲学と比べて「行き当たりばったり」だと批判されることもありますが、知識は実践するためにあるのですから、状況に応じて態度を変えてもいいのです。

Study 2

キューブ式論点整理法

三次元的な視点で論点を整理する

アメリカにおけるリベラルと保守

アメリカは基本的に自由（リバティ）の国である。その中において、「何の自由をより強く求めるか」によって、現状のいわゆる「リベラル」と「保守」は分類されている。

リベラル

政治的に個人の自由と権利を尊重し、経済的には政府の経済への介入を認める。
社会保障や弱者の救済など、社会制度の変革についても政府は積極的に介入すべきとする、「大きな政府」を求める立場。

保守

経済的な自由を尊重し、市場経済を重視する。建国当時の自由の精神を「保守」する立場に加え、キリスト教的な道徳観を「保守」する立場もある。
個人の自助努力を強調し、政府の介入に反対する「小さな政府」を求める立場。

人は、二者択一では把握できない

アメリカは、リベラルと保守というふたつの対立する考え方がつねに拮抗している社会だ。リベラルとは、政治的に個人の自由と権利を尊重し、経済的には政府の経済への介入を認めて「大きな政府」を求める立場。保守は、政治的には道徳的価値を尊重し、経済的には市場経済を重視して「小さな政府」を求める立場である。

スタンフォード大学教授で哲学者のジョン・ペリーは、「リベラルか？　保守か？」という二次元的な態度ではなく、三次元的に分類することを提言している。すなわち、**政治、経済だけではなく、外交、人権といった第3のベクトルを含めて自分と対立する相手の立場を明確にする**のだ。そのように論点を整理すれば、「Aの論点では意見が合わないが、C

新規ビジネス参入のキューブ式論点整理法

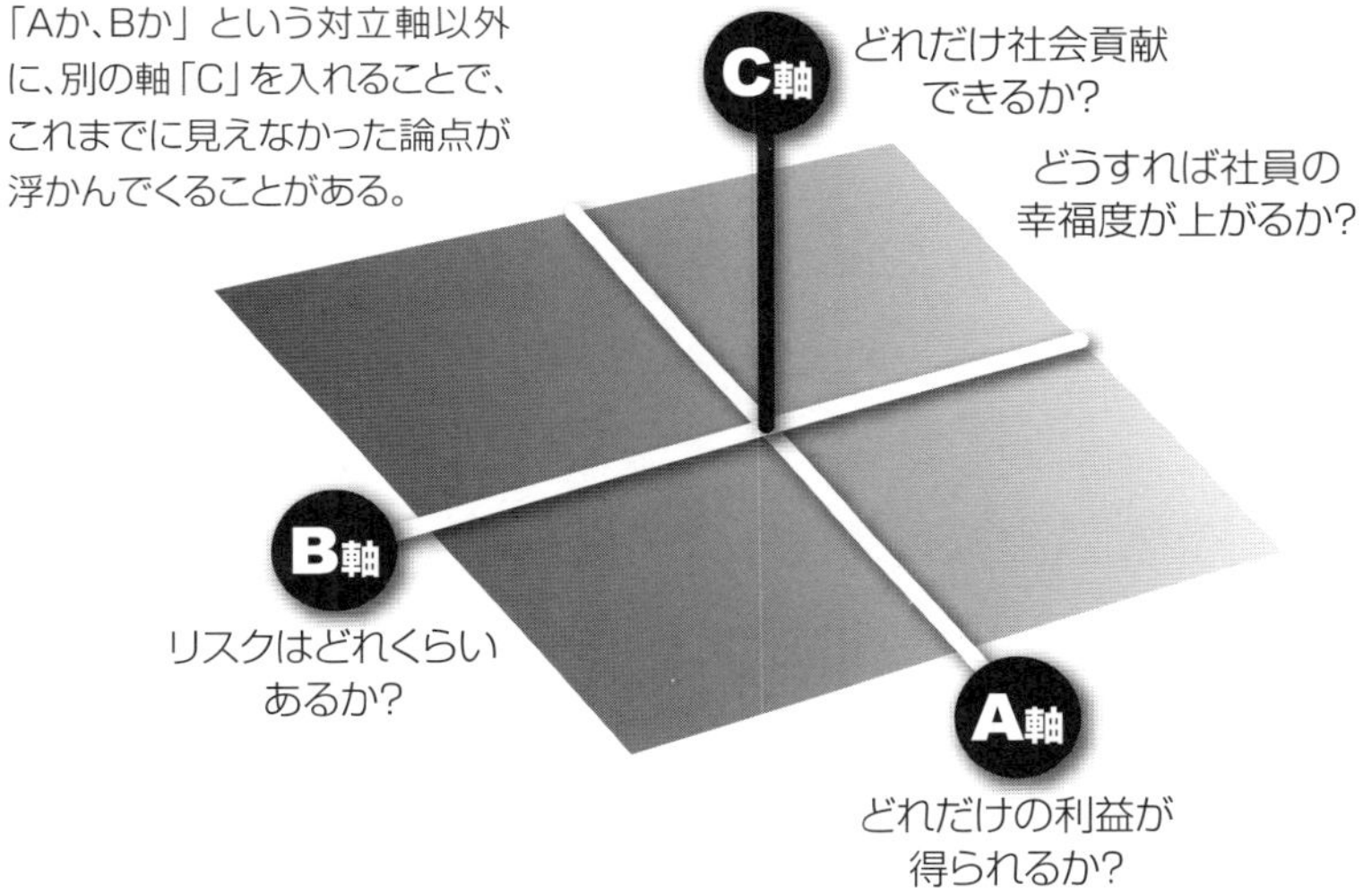

「Aか、Bか」という対立軸以外に、別の軸「C」を入れることで、これまでに見えなかった論点が浮かんでくることがある。
C軸
どれだけ社会貢献できるか？
どうすれば社員の幸福度が上がるか？
B軸
リスクはどれくらいあるか？
A軸
どれだけの利益が得られるか？

の論点では協力できそうだ」など、単なる対立から歩み寄りの機会を見つけることができるはずだ。

Column

利益とリスクと社会貢献

ペリーの三次元的な分類法は、企業が新規ビジネスを立ち上げる際にも使える発想でしょう。

新規ビジネスに踏み出すかどうかを考えるとき、「どれだけの利益が得られるか？」という一次的な視点だけでなく、「成功までのコストはどれくらいか？」といったリスク分析をして二次元的に検討するでしょう。

たしかに、成功するビジネスには、「儲けが多い」「リスクが低い」という共通点があるかもしれません。しかし、共通点はそれだけではないはずです。そこで、さらにもう一次元、別の視点を持ち込むのです。

たとえば最近、「社会に貢献する事業や商品は成功する」とよく言われます。この「社会にどれだけ貢献できるのか？」という視点を取り入れれば、その新規ビジネスが目的とする方向性まで見えてくるのではないでしょうか。また、この第3の視点に加えて、「社員の幸福度が上がるか？」とか、「会社のブランド効果を高めるか？」といった視点も検討すれば、新規ビジネス参入への判断は容易になるはずです。

Study 3

「思考を道具として使う」とはどういうことか?

思考を行動に移す「問題解決力」

問題解決のための５つの探求ステップ

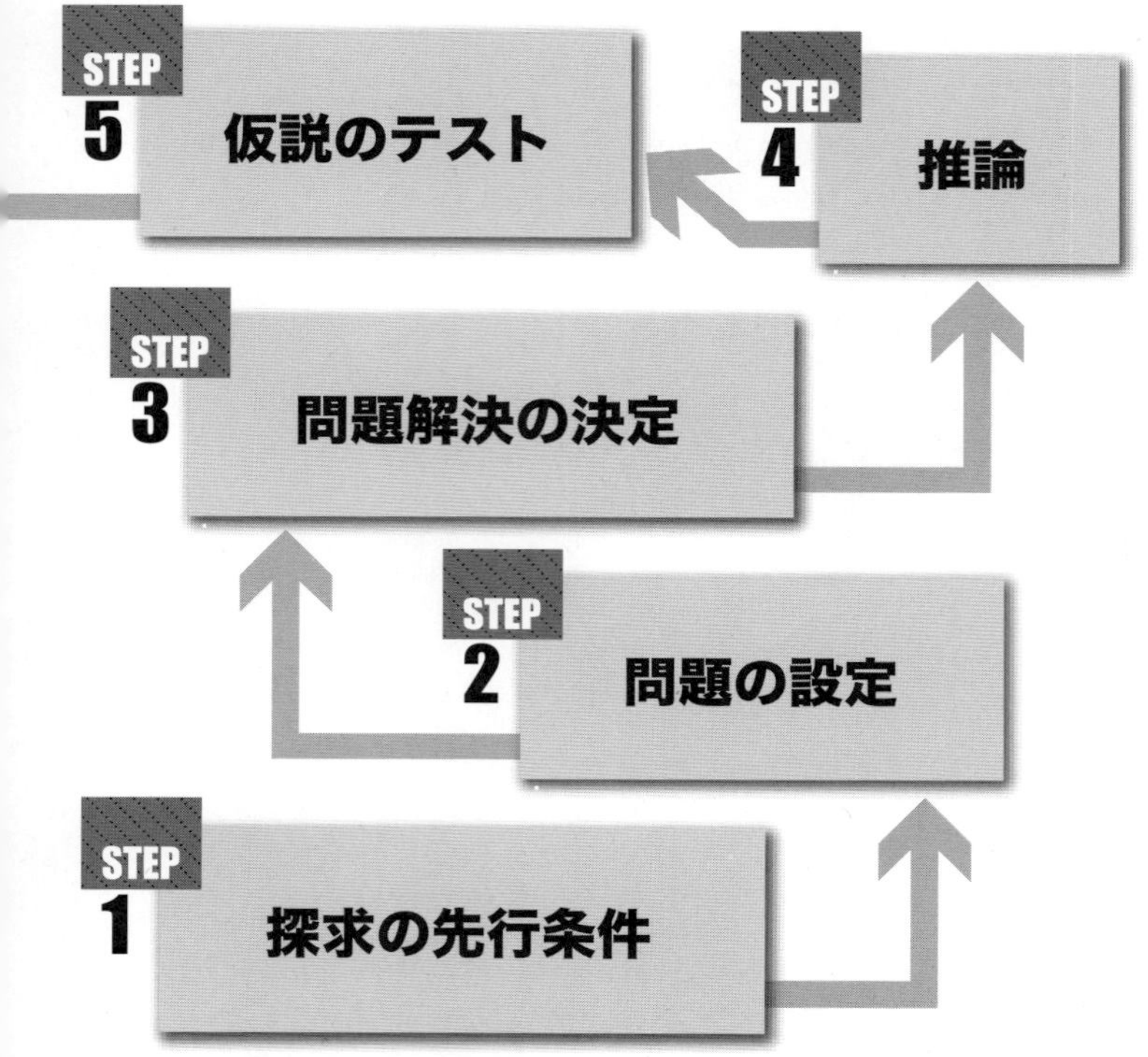
STEP 1 探求の先行条件
STEP 2 問題の設定
STEP 3 問題解決の決定
STEP 4 推論
STEP 5 仮説のテスト

Column

思考を正しく使えば問題は必ず解決する

思考を問題解決のための道具と考えたデューイは、5つの探求ステップを想定しました。以下、順に解説していきましょう。

①探求の先行条件。まず何らかの困った事態が発生するということ。私たちは皆、不確定な状態にあるというわけです。

②問題の設定。困った事態の原因は何なのか、いったい何が問題なのかが特定され、確定されます。

③問題解決の決定。ここ

探求には誤謬が不可避である。したがって探求は「理念的極限」を目指す途上にあり、終わることがない。

プラグマティズムの完成者デューイ

プラグマティズムの創始者といわれるチャールズ・サンダース・パースは、「思考とは、疑念から信念に至る探求過程である」と考えた。この考えに関心を持った後世代の哲学者ジョン・デューイは、「思考は問題解決のための道具である」と捉え直し、プラグマティズムを教育の場に持ち込んだ。そこでは、教師が準備し、設計したステップを踏んで学んでいく「系統学習」ではなく、生徒自身の自発性、関心、能動的な姿勢から、**自ら体験的に学んでいく努力の価値を評価する「問題解決型学習」**が採用された。

デューイの教育方法は、今でもアメリカの教育現場では主流の考え方になっている。デューイがプラグマティズムの完成者と呼ばれるのは、アメリカ社会におよぼした影響力の大きさゆえだろう。

who's who

ジョン・デューイ
(John Dewey　1859～1952年)

アメリカの哲学者、教育哲学者、教育思想家。
C・S・パース、W・ジェームズと並びプラグマティズムを代表する思想家。知識は問題解決に役立つ道具であるとする「道具主義」の立場を教育にも適用し、「実験学校」を創設するなど、教育哲学者として実験主義的教育思想を確立。戦後の日本の教育にも大きな影響を与えた。

では、問題を解決するための仮説が立てられます。不確定な状況でも、与えられた状況の中で、構成要素として決定できるものを探し出すべきだとデューイは言います。

④推論。仮説が正しい結果に達するのか、推論します。⑤仮説のテスト。最後に仮説がテストされます。

結果として仮説が証明されたとしても、それは真理として確定するわけではありません。探求には誤謬《ごびゅう》（間違い）が不可避であり、それは終わることのないものだと考えるのです。車が壊れたとき、直し方が機械工学的に合っているか否かは別として、とりあえずいろいろやっているうちに直ったとしたら、その直し方がこの場合、真理だったといっていいわけです。

Study 4

イノベーションを生む5つのステップ

画期的なアイデアは知性だけでなく、行動からも生まれる！

イノベーション・プラグマティズムとは？

ハーバード・ビジネス・スクールのクレイトン・クリステンセンは共著書『イノベーションのＤＮＡ』で、イノベーションに必要なスキルを５つに特定している。①関連づけの思考、②質問力、③観察力、④ネットワーク力、⑤実験力の５つである。

クリステンセンはこれらのスキルを「イノベーターＤＮＡ」と表現し、「革新的なアイデアを生み出す能力は、知性だけでなく、行動によっても決まる」と述べている。これを、知識を実践のための道具と考えるプラグマティズムの思想と照らし合わせると、さらに容易にイノベーションを起こすことができるスキルが身につくはずだ。それこそまさに、「**イノベーション・プラグマティズム**」とも呼べる重要なスキルである。

Column

イノベーションを生み出すしくみ

クリステンセンの5つのスキルをプラグマティズムの視点から解説してみましょう。

「①関連づけの思考」は、既存の物事をいったん白紙にして、ゼロから組み替える「脱構築（deconstruction）」のこと。「②質問力」は、あらゆる物事を疑ってかかる「懐疑（doubt）」の態度です。「③観察力」は、周囲をよく見て「記述（description）」する力です。「④ネットワーク力」とは、他者の意見に耳を傾けるという意味で「熟議（deliberation）」の能力ともいえます。「⑤実験力」は、頭の中にあるアイデアを外側に「展開（deployment）」し、実践すること。これら5つのステップは、たまたまDの頭文字で始まるので「5D」のステップと呼びたいと思います。

具体例として、鉄道や飛行機などの交通インフラを、5D展開してみたのが左ページの図です。移動するということはどういうことなのかを根本的に問うことで、通信インフラの整備・充実から仕事のやり方の見直しに至るまで展開しました。

あらゆる分野でイノベーションをもたらす「5D」のステップ

それが「乗り物である」という考えを白紙にし（脱構築）、「移動しなくてもいいのでは?」と疑ってみる（懐疑）。今まで私たちが何のために移動してきたのかを考えると（記述）、いくつかの出張は移動なしでもできることがわかるはず（熟議）。あとは、その考えを実践するだけである（展開）。

1 脱構築（**d**econstruction）

既存の物事をいったん白紙にする → 鉄道や飛行機は「移動手段」ではない

2 懐疑（**d**oubt）

あらゆる物事を疑ってかかる → 「移動しなくてもいいのでは？」と疑う

3 記述（**d**escription）

周囲をよく見て記述する → これまで行ってきた出張の有効性を検討する

4 熟議（**d**eliberation）

他者の意見に耳を傾け、意見を検討する → インターネットなどの通信インフラで代替できないか考えてみる

5 展開（**d**eployment）

アイデアを実践する → インターネットなどの「通信インフラ」を「交通インフラ」と考える
➡出張コストの削減に成功

Study 5

理論構築力を磨く方法　その①

「上部・下部構造モデル」で本質を見抜く

アメリカの思想や社会を結ぶプラグマティズム

アメリカを象徴する価値には、自由を重んじる「自由主義（リベラリズム）」や、人々が平等に政治参加できる仕組みを求める「民主主義（デモクラシー）」、そして、厳密には思想ではないが多くのアメリカ人を支配している「資本主義（キャピタリズム）」、そしてキリスト教をはじめとする宗教など、いくつかの主流となる考え方がある。それぞれがぶつかりあって社会が停滞することもあれば、足並みをそろえて力を発揮することもある。

このとき、思想や社会制度をうまく調整し、ベストマッチな状態をもたらすのがプラグマティズムの「知識のあくなき実践」という原理である。つまり、プラグマティズムはマルクス経済学がいうところの下部構造であり、上部構造に含まれる**自由主義や民**

アメリカ人の上部・下部構造とは？

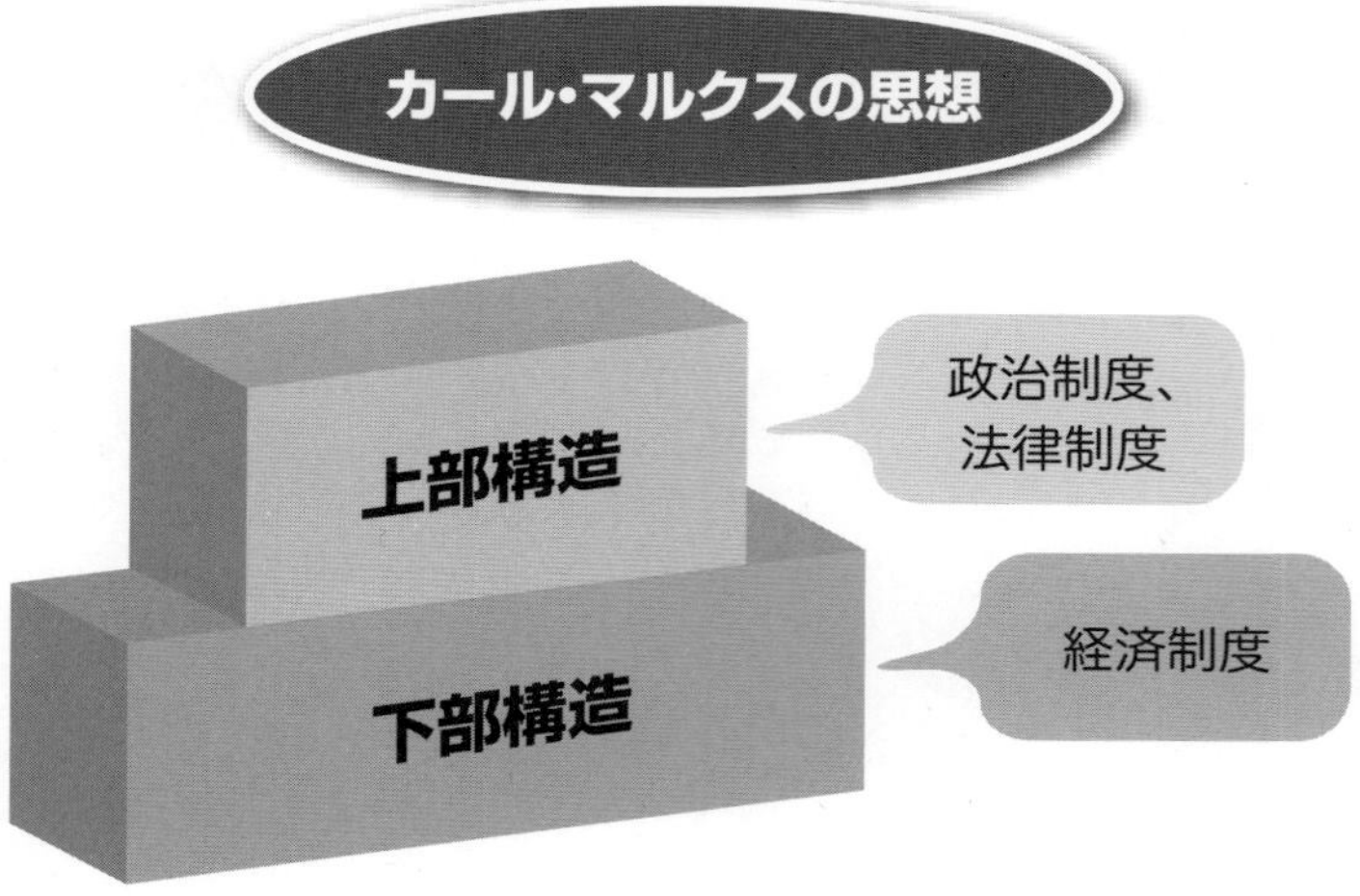

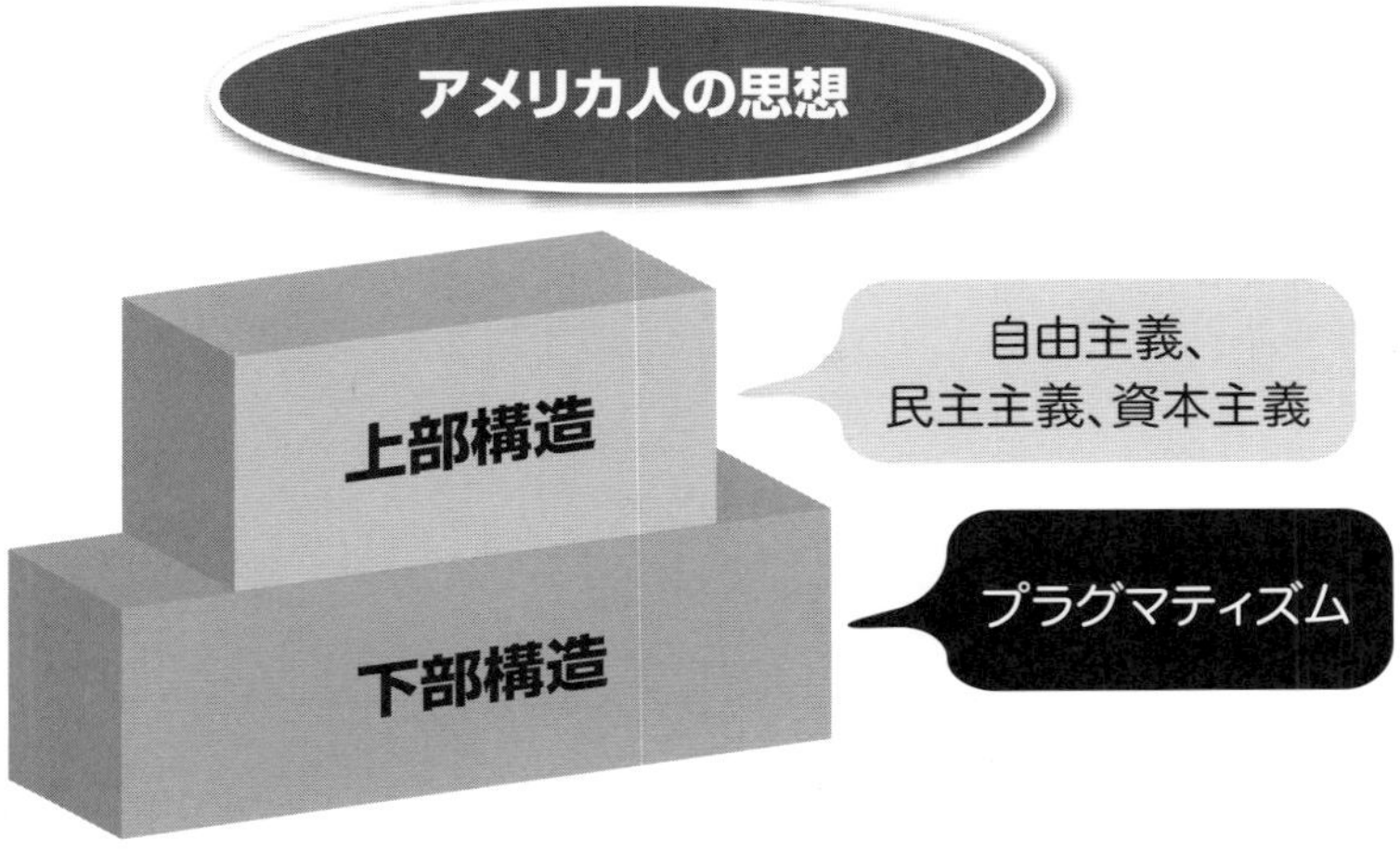

who's who

カール・ハインリヒ・マルクス
（Karl Heinrich Marx　1818〜1883年）

ドイツの哲学者、思想家。
共産主義運動の理論的指導者。20世紀において最も影響力があった思想家の一人。親友のF・エンゲルスとともに、科学的社会主義を構築する。資本主義の高度な発展を遂げたのちに共産主義社会が到来するとした。

主主義、資本主義といった思想はプラグマティズムによって規定されているのだ。

Column

上部構造は、下部構造に規定される

カール・マルクスは、社会を上部構造（政治・法律制度）と下部構造（経済制度）の2階建てで考えました。上部構造は、下部構造によって規定されるため、下部構造が変われば、上部構造も変化します。別の言い方をすれば、上部構造は下部構造との関係が矛盾したときに変化するのです。

知識を「真理」として固定しようとするヨーロッパの哲学と違って、アメリカで生まれ、発達したプラグマティズムは、知識を「実践の道具」と捉えます。そして、それがアメリカの社会制度やアメリカ人の思想の土台、いわゆる下部構造となっているのです。つまり、アメリカの社会がどのような方向に向かっていくにせよ、彼らを突き動かす行動原理となっているのは、リベラリズムやデモクラシーなどの誰の目にも明白な制度や思想よりも、その土台にあり、無意識のうちに支配されているプラグマティズムであるといってよいでしょう。「知識のあくなき実践」こそが、アメリカの強さの源泉であり、アメリカをアメリカたらしめているのです。

Study 6

理論構築力を磨く方法　その②

対立や矛盾を解消する「弁証法モデル」

対立を解決する3つの命題

ビジネスにおいて「収益を上げて会社の利益を最大化する」ということと、「顧客の喜びを最大化する」というふたつの目的はしばしば対立し、板ばさみに苦しむことが多い。こうしたジレンマを解消するには、ヘーゲルの弁証法的思考を使うといい。

ヘーゲルの弁証法は、ある命題（テーゼ＝正）と、それと矛盾する、あるいはそれを否定する反対の命題（アンチテーゼ＝反）を想定するところからはじまる。そして、そのふたつの命題を本質的に統合した命題（ジンテーゼ＝合）を生み出すのだ。

すなわち、**「企業の利益」と「顧客の喜び」を矛盾するものとして考えるのではなく、統合可能なものとして考えてみる**わけだ。両者にとってウィン・ウィンのビジネスが、きっと見つかるはずだ。

Column

対極の思想を取り込んだプラグマティズム

「企業の利益」と「顧客の喜び」は、ヘーゲルの弁証法モデルを使えば、決して対立したり矛盾したりするものではないということがよくわかるでしょう。その他にも「企業の利益」と「社会貢献」、「社員の利益」と「会社の利益」、「個人の幸せ」と「社会の安定」といった、さまざまなジレンマを解消する方法として、使ってみることができるはずです。

ところで、ヘーゲルはドイツ観念論という体系を完成した大哲学者で、それは、プラグマティズムとは対極にある思想のように思われがちです。ヘーゲルの弁証法は、経験や実証によらず、頭の中だけで論理的に自分の考えを組み立てる思弁的思考によって生まれたからです。

ところが、プラグマティズムはヘーゲルの弁証法から大きな影響を受けているばかりか、それを思想の中心に取り込んで「知識を実践する」というまったく別の動きに生かしてしまいました。プラグマティストにかかると、ヘーゲルさえも思弁ではなく、その対極にある実践の哲学者になってしまうのです。

弁証法モデル

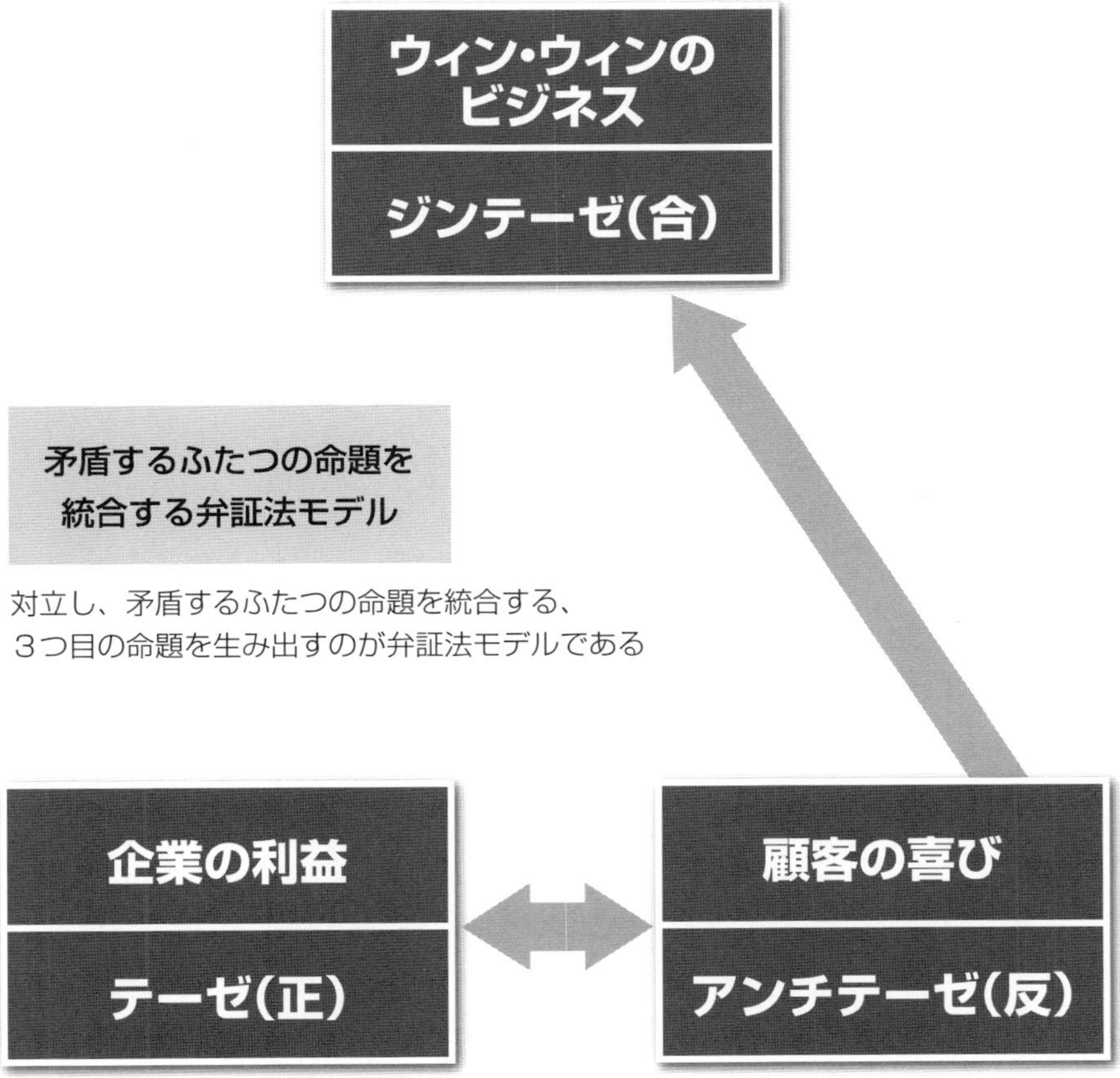

矛盾するふたつの命題を統合する弁証法モデル

対立し、矛盾するふたつの命題を統合する、
３つ目の命題を生み出すのが弁証法モデルである

who's who

ゲオルク・ヴィルヘルム・フリードリヒ・ヘーゲル
(Georg Wilhelm Friedrich Hegel　1770〜1831年)

ドイツの哲学者。
ドイツ観念論を代表する思想家。「肯定⇒否定⇒否定の否定」という３つの発展段階を経て人間が自由を獲得していくという「弁証法」の提唱者として、後世にも多大な影響を与えた。

Study 7

理論構築力を磨く方法　その③

局面を明確にする「トライアングルモデル」

プラグマティズムの3つの傾向

日本の思想界に本格的にプラグマティズムをもたらした最初の思想家のひとりは、鶴見俊輔だろう。鶴見はプラグマティズムを「考えは行為の一段階なり」という形でとらえ、そこには3つの傾向を見出すことができると述べている。ひとつ目は実利を重視する**功利主義的傾向**、ふたつ目は自分で手に取って見られるものでないと信用しないという**実証主義的傾向**、3つ目は考えることを特別視せず、自然人の一行動としてしか捉えない**自然主義的傾向**である。

いずれも同じプラグマティズムの思想から生まれた傾向だが、鶴見はこの3つの傾向をA、B、Cの三辺を持つ三角形のように捉え、どこを底辺にする（どこに重点を置く）かでプラグマティズムの現れ方が変わってくると説明している。

Column

3という数字には、不思議な説得力がある

トライアングルモデルがおもしろいのは、アメリカ人の気質を絶妙に言い当てているところです。三角形の底辺は、Aになることもあれば B にも C にもなります。功利主義が底辺になるとき、つまり重視されるとき、実利を求める力が過剰になって現実的な考えが主流になります。すると、今度は実証主義に動いて自意識偏重の傾向が現れてきます。さらに今度は、自然主義的な傾向に流れて楽天的な考えが過剰になります。このように、プラグマティズムの三角形は自らの力でグルグルと回転しているのです。この回転の法則を見つけることで、物事の変化の先を読み、次にどんな傾向が現れてくるか予測することができるでしょう。

ところで、トライアングルモデルの「3」という数字には大・中・小、過去・現在・未来、問題・原因・対策という具合にあらゆる物事を総括的に捉える不思議な説得力があります。

伊藤忠商事の元会長である瀬島龍三さんも、何かを説明するとき、「問題点が3つあります」とか、「3通りの方法があります」とか、3つに分けるとわかりやすいと語っていました。

プラグマティズムの三角形

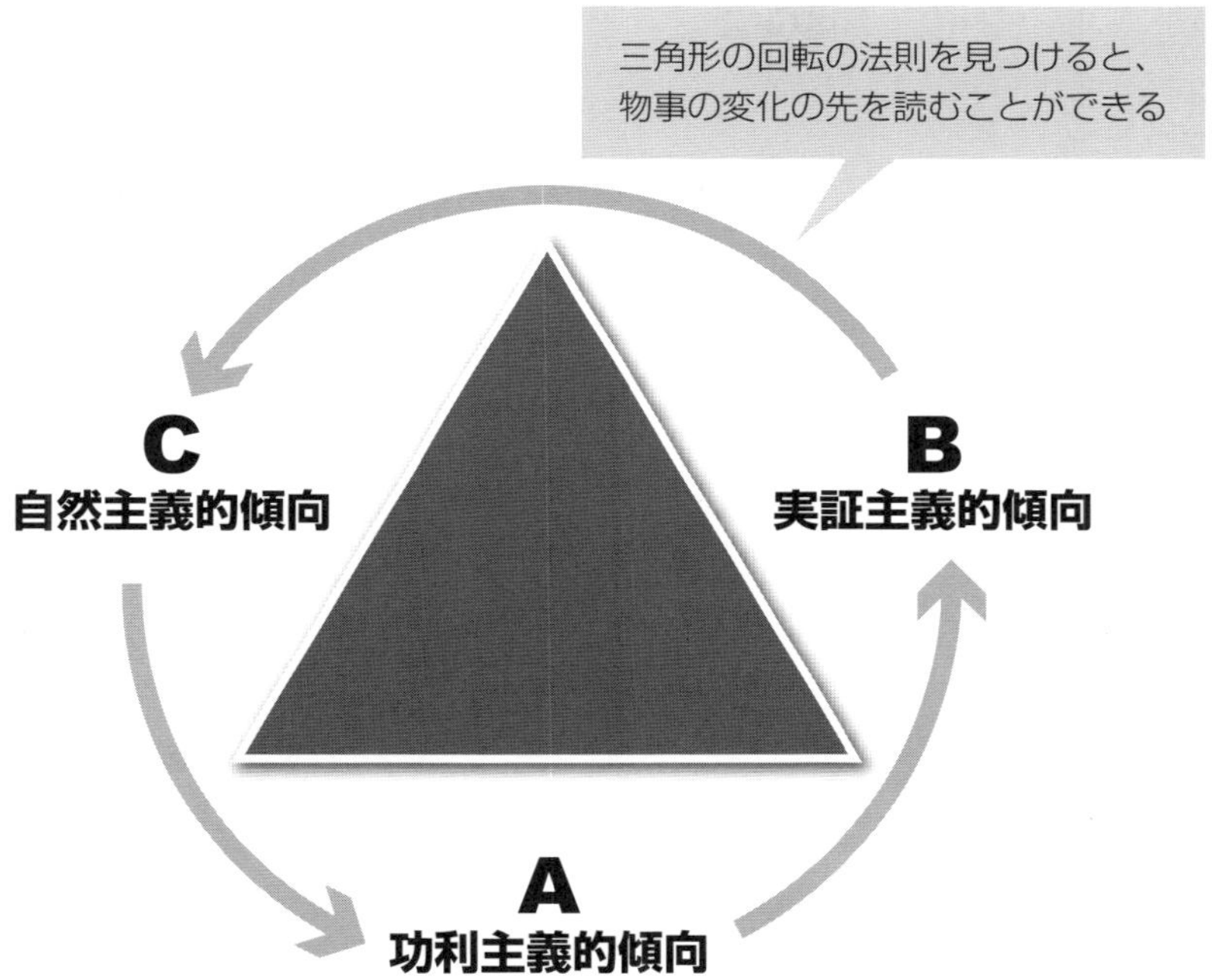

三角形の底辺は、プラグマティズムの傾向の主流となり、他の二辺はそれを補助的に支える。しかし、底辺はAからB、BからC、CからAへと推移し、三角形は回転していく

who's who

鶴見俊輔

（つるみ しゅんすけ　1922年〜）

評論家、哲学者、大衆文化研究者、政治運動家。
東京生まれ。ハーバード大学哲学科卒業。父は作家・政治家の鶴見祐輔。戦後の進歩的文化人を代表する一人。プラグマティズムを日本に紹介する。1946年に丸山眞男らと『思想の科学』を刊行。ベ平連（ベトナムに平和を！市民連合）の活動でも知られる。

Study 8

プラグマティックな任務遂行力

目的を常に検証して修正する

目的は絶対的なものではない

「日本を覆う閉塞感のすべての元凶は、日本に、プラグマティズムが不足していることにある」。これは、工学者で、第二次安倍内閣の内閣官房参与を務める藤井聡が『プラグマティズムの作法』で述べた言葉である。

藤井によるプラグマティズムの定義は、「人間、何をやるにしても、それに一体何の目的や意味があるのかを、見失わないようにしよう」というもの。

この定義のポイントは、単なる手段にすぎないものを目的と思い込んでしまう事態からの脱却にある。**目的を絶対的なものと盲信せず、状況に応じてつねに検証し、ズレが生じていたならば修正する**態度がそこには求められる。目的と手段は、つねに連関して動いていくものなのだ。

Column

手段を目的化しない「PDCAサイクル」

藤井聡さんのプラグマティズムの作法は、第二次世界大戦後、アメリカの工学者のウォルター・A・シューハートらが提唱した「PDCAサイクル」に共通するものがあるようです。PDCAサイクルとは、生産管理や品質管理などの管理業務を円滑に進めるための手法のひとつで、次の4つのサイクルで行われます。

①計画（Plan）／目標を設定して、それを実現するためのプロセスを設計する。
②実施（Do）／計画を実施し、その効果を測定する。
③評価（Check）／測定結果を目標と比較し、評価する。
④改善（Act）／プロセスの継続的改善・向上に必要な措置をほどこす。

プロセスが「改善」によってひと回りすることで、次のサイクルからは、らせん状に目標が向上していくのです。これは、生産管理や品質管理の現場におけるマネジメントのみならず、あらゆる企業の事業部、個人の働き方についても応用できる考え方でしょう。ぜひともオススメしたいものです。

PDCAサイクル

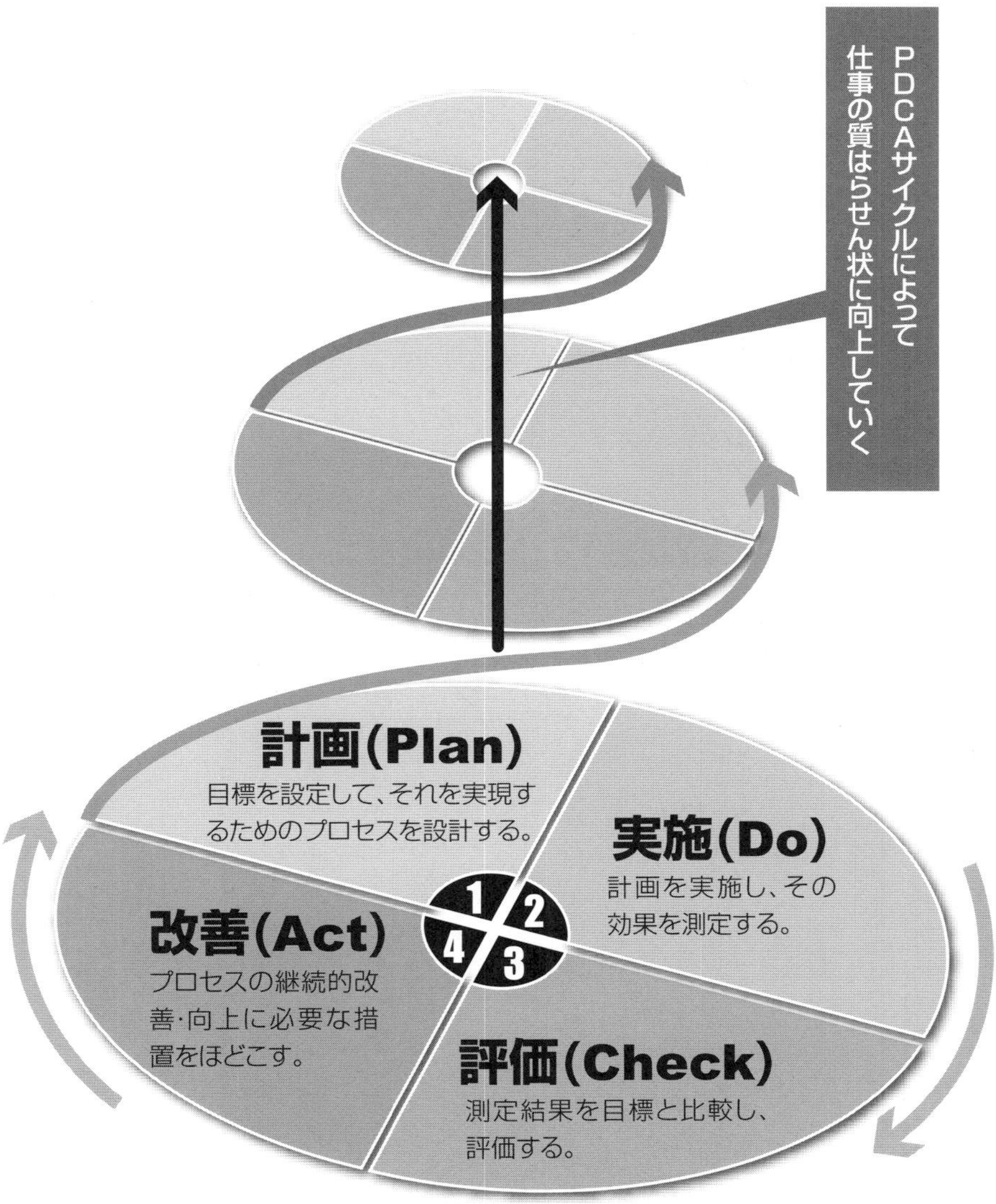
PDCAサイクルによって仕事の質はらせん状に向上していく
計画(Plan)
目標を設定して、それを実現するためのプロセスを設計する。
実施(Do)
計画を実施し、その効果を測定する。
評価(Check)
測定結果を目標と比較し、評価する。
改善(Act)
プロセスの継続的改善・向上に必要な措置をほどこす。
1
2
3
4

Study 9

商談や会議をスムースに行う方法　その①

話し合いでは「結論」ではなく「合意」を採れ

「合意」を引き出す3つのルール

① 発言者は、すべての人に理解できる言語で話すこと。

② 議論の際は、相手の意見を全否定しないこと。

民主主義を理想的にする「熟議」の概念

デリベラティブ・デモクラシー、訳すと**熟議民主主義**という言葉は日本ではまだ耳なれないかもしれないが、1990年代から欧米では政治的な場で盛んに議論されている概念だ。声の大きな権力者が力の弱い市民を黙らせ、自らの意見を持つことをさまたげている従来の代表民主主義を批判する形で登場したことでもわかるとおり、これは、すべての市民が平等に政治参加するという民主主義の理想を実現するための方法論だ。

　この分野で先駆的な論者であるハーバーマスは、理性に基づくコミュニケーション的行為を提唱し、命令や欺瞞《ぎまん》などによる力ずくの行為ではなく、あくまで妥当な要求を掲げたうえで、相手に納得ずくで承認を求めようとする態度が必要だと説いている。

③ 人の話をよく聞き、誠実に話すこと。

話し合いは、相手をねじ伏せて自分の意見を通す場ではなく、さまざまな意見をもとに「合意」を探る場である

who's who

ユルゲン・ハーバーマス
(Jürgen Habermas　1929年〜)

ドイツの哲学者、社会学者。
フランクフルト学派第二世代に位置する、公共性論、コミュニケーション論の第一人者。市民的公共圏において民主的な意思決定を行うためには、個々に内在する普遍的な理性ではなく、人と人とのコミュニケーションを通じて形成される真理の中に普遍的妥当性を見出すことができるとした。

Column

会議は、相手をねじ伏せる場ではない

顧客や取引先との商談、社内会議、部課内での打ち合わせなど、ビジネスの場は話し合いの連続ですが、これこそハーバーマスの言う「コミュニケーション的理性」が有効です。私は、大学内でしか行われなかった哲学議論を商店街などに舞台を移し、あらゆる市民と一緒にこれを行う「哲学カフェ」を主宰していますが、ハーバーマスの理論を応用して次のルールを設けています。

①発言者は、すべての人に理解できる言語で話すこと。
②議論の際は、相手の意見を全否定しないこと。
③人の話をよく聞き、誠実に話すこと。

こう書くと、簡単なことのように思えるかもしれませんが、実践するのは難しいことです。①のルールに従うためには、専門家はズブの素人にもわかる言葉で話さねばなりませんし、②および③のルールにおいては年少者と年輩者、支配者と被支配者は平等に意見を述べ合わねばなりません。しかしこれは、「熟議」を実現するには不可欠なルールなのです。採決によって強引にひとつの結論を導くのではなく、さまざまな意見を参照し、多くの人が納得する「合意」を引き出すことが最良の目的なのですから。

Study 10

商談や会議をスムースに行う方法　その②

専門的なことを誰にでも理解できるように話す

ファシリテーターの重要性とは？

前項では、「合意」を目指して熟議を行うことの重要性を指摘し、それを行うための3つのルールを提示した。ここでもうひとつ重要なのが、ファシリテーターの役割である。日本では進行役、調整役、世話人などと訳されるファシリテーターは、**議論に対して中立な立場を保ちながら話し合いに参加し、相互理解のうえで議論が行われているか、合意形成を目的として議論が進んでいるかということをチェック**し、調整する役割を持っている。

会議やミーティングというと、上司や専門家などの発言者の話を聞くだけの場だと捉える人もいるだろう。だが、近年は参加者すべてが発言者となる参加型学習（ワークショップ）も増え、ファシリテーターの役割は高まっている。

Column

対話から学びを生むワークショップ

私が行っている「哲学カフェ」では、全員参加型のワークショップを心がけています。参加者すべてが発言者ですから、ファシリテーターを務める私は、専門家らの言葉が参加者にキチンと届いているか、つねにチェックし、理解できない専門用語が出てくると、「それはどういう意味ですか？」と聞き直すことにしています。また、専門家の人たちにも参加者すべてが理解できる共通言語で話してもらうような努力をうながします。議論の内容が専門的であればあるほど、その努力は大変になるのですが、「とても勉強になった」と語ってくれる人は多いのです。つまり、専門外の人と意識を共有し、その意見を聞くことで、今まで考えもしなかった課題や可能性が見えてくるというのです。

このことはビジネスパーソンについても、同じことが言えます。同業種同職種の人ではなく、異業界異業種の人と会話することは、さまざまな気づきを与えてくれる場になるのではないでしょうか。対立する問題を議論する際は、「自分の意見というものは変わりうる」ということを大前提とすることを忘れずに。

ファシリテーターの役割

ファシリテーターは、
専門家と専門外の参加者の調整役である。

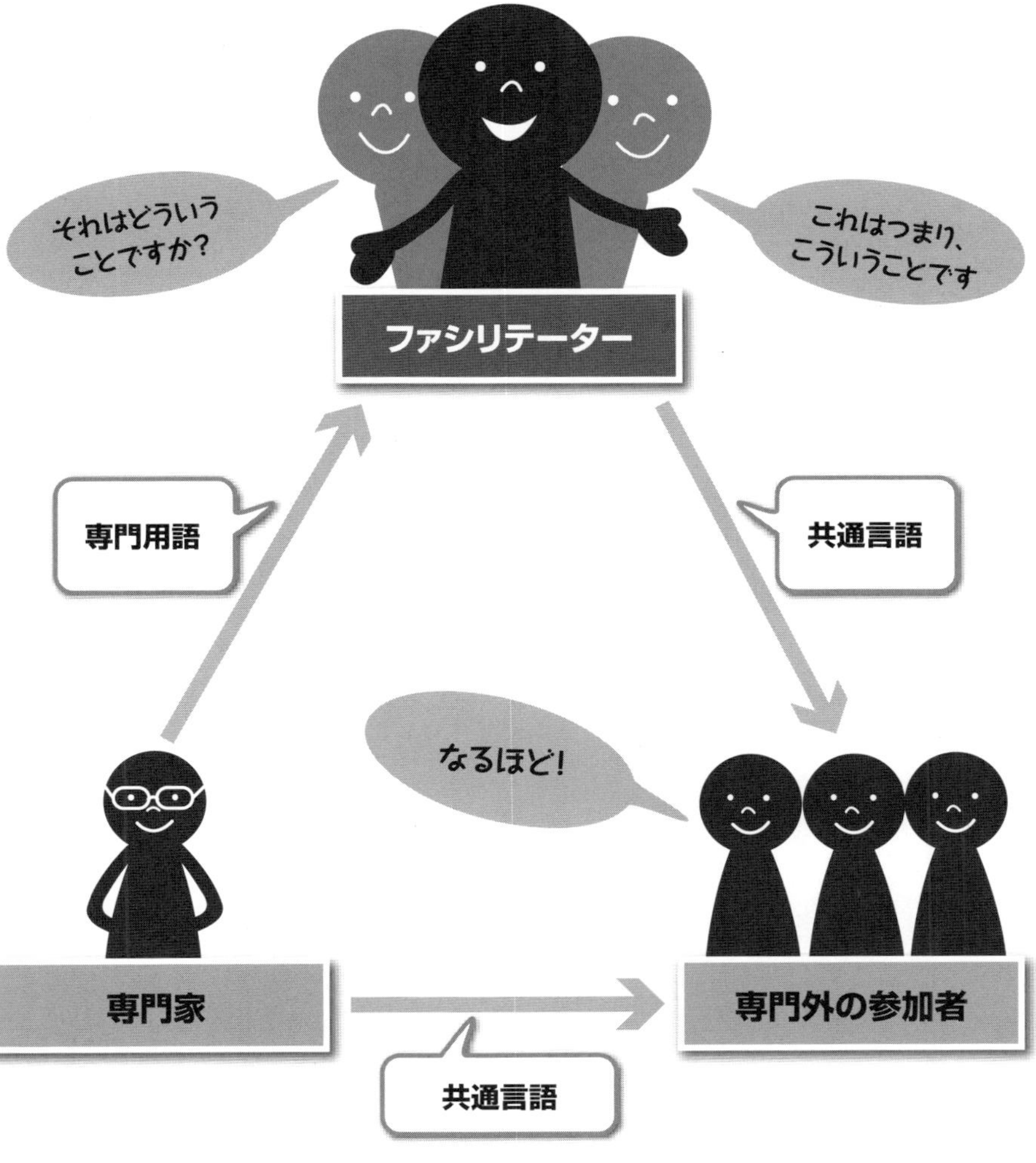
それはどういうことですか？
これはつまり、こういうことです
ファシリテーター
専門用語
共通言語
なるほど！
専門家
専門外の参加者
共通言語

Study 11

権力と権威をうまく働かせる方法

リーダーシップの効果的な発揮法

強制、取引、説得という3つの権力

アメリカの政治学者のロバート・A・ダールは、権力というものには威嚇型と報酬型と説得型の3つがあると指摘した。

威嚇型とは、相手が従わない場合に何らかの制裁が科される可能性を示す権力のこと。つまり強制だ。報酬型とは、従うことによって何らかの報賞を与えられる可能性を示す権力のこと。この場合は強制ではなく、取引に近い。「アメとムチ」と言うように、このふたつの権力を状況に応じて使い分けることがリーダーシップのあり方だと語られる。だが、3つ目には、相手を説得し、その選好を変化させることによって行為をさせるという説得型の権力があることも忘れてはならない。**権力は、それを受ける者の同意がなければ行使されない**ものだからだ。

Column

権力は、権威によって支えられている

権力（power）と権威（authority）の違いについて考えてみましょう。両者は別の概念であるにもかかわらず、混同されることが多いからです。ドイツの社会学者マックス・ウェーバーは、権威を3つの種類に分けて論じています。

合法的な手続きの存在に基づく「合理的支配」、永続してきた伝統への崇拝に基づく「伝統的支配」、英雄や特殊な能力を有する個性への帰依に基づく「カリスマ的支配」の3つです。

権力がそれを行使する側の手段として分類されたのに比べて、権威は服従する側の心理的な要素によって分類されているという違いがあります。つまり、権力が正しい手段として用いられるとき、さまざまなタイプの権威が生まれるのです。言い換えれば、権力は絶対的な力としてあるのではなく、それを受ける側につねに評価されているということです。「アメとムチ」ばかりではなく、「説得」という手段を有効に使う必要性はここにあります。強いリーダーシップは、権力のみによって生まれるのではなく、権威という評価によって支えられているのです。

権力とリーダーシップ

**権力を手段として正しく使えば、
権威として評価され、リーダーシップは高まる**

権力のあり方
言われたとおりにやれ!
威嚇型
(強制)
あれがうまくできたら、こうしよう
報酬型
(取引)
こんなふうにやれば、できるだろう
説得型
(説得)
権威の現れ方
合理的支配
叩き上げの上達者としての上司
伝統的支配
前任の後継者としての上司
カリスマ的支配
有無を言わせぬ力を持った上司
リーダーシップ

who's who

マックス・ウェーバー

(Max Weber　1864〜1920年)

ドイツの社会学者・経済学者。
人間の社会的行為を特に人間の内面から理解しようとする「理解社会学」や、あらゆる価値判断を学問的研究から分離しようとする「価値自由」を提唱。その後の社会科学に広範な影響を与えた。

Study 12

「滅《めっ》私《し》奉《ほう》公《こう》」から「活《かっ》私《し》開《かい》公《こう》」へ

会社と社員の正しいあり方を考えよう

「公」と「私」の二極化を解消する方法

現代は、全世界的に「公」と「私」の概念が揺らいでいる時代である。権力による有無を言わせぬ押しつけという意味での「公」と、自分のことしか考えない「私」の間の極端な二極化が、政治への無関心や格差社会といった問題を生み出している。

この問題から脱却するには、**「公」と「私」の二極化を解消し、一人ひとりの市民が主体的に社会を担っていくという意識を持たなければならない。**すなわち、すべての人々が「公共性」の概念を持つことが重要なのだ。

そして、公共性の概念は、「国家」と「市民」という関係だけでなく、「会社」と「社員」という関係性においても応用できる考えだ。それは、「公」と「私」の利害の対立を解消するひとつの道である。

「滅私奉公」から「活私開公」へ

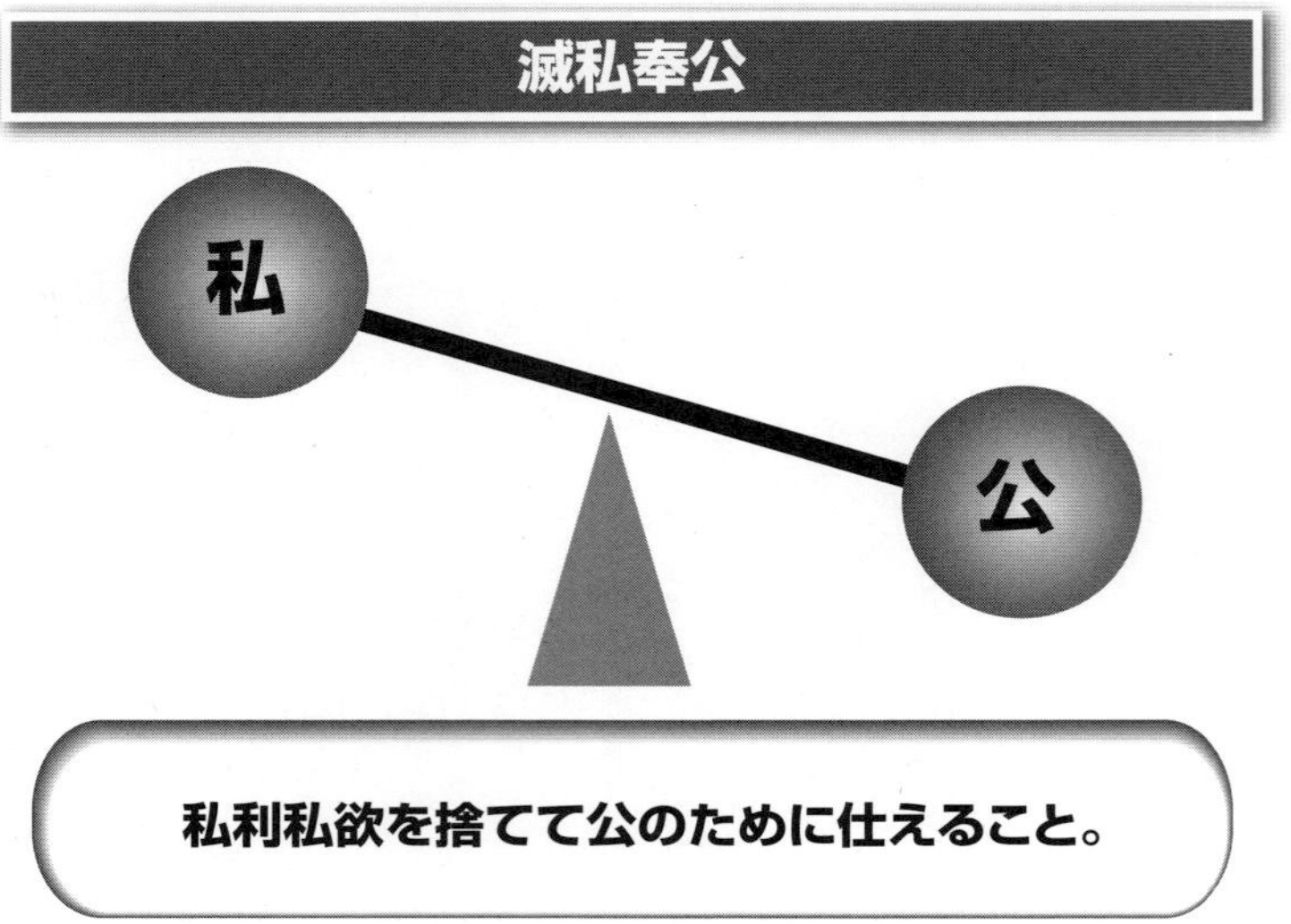
滅私奉公
私
公
私利私欲を捨てて公のために仕えること。

活私開公

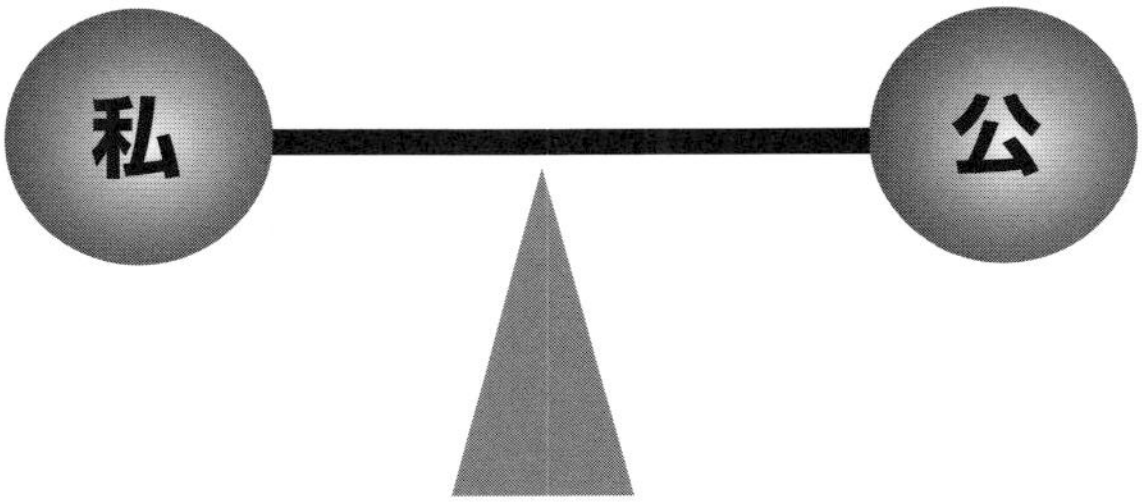

個人を活かしながら人々の公共性を開花させるとともに、公を開いていくこと。

Column

「活私開公」の実現には対話と議論が必要

公共性の概念は、しばしば国家権力と同一視され、否定的なニュアンスをもって理解されることが多いといえます。ただ、ハーバーマス（➡P115）といった政治哲学者の努力によって「公共哲学」として再生されつつあります。

わが国でも東京大学出版会から刊行されている『公共哲学』シリーズが20巻ほどになりますが、ここで掲げられた指針のひとつに「公共性を、個を殺して公に仕える『滅私奉公』のような見方ではなく、個が私を活かして公を開く『活私開公』という見方で捉える」というものがあります。つまり、「私」と「公」を対立させる二元的な考え方ではなく、両者の相関関係であると考えましょうということです。公共性というのは、「私」の権利を減らして奉仕を迫るものではなく、「公」と良い関係を築くことでお互いの問題を解決し、共存していくために必要な概念なのです。これは「会社」と「社員」という関係性においても有効な考え方だと思います。

「滅私奉公」から脱却し、「活私開公」へと向かうには、「私」と「公」がともに働きかけ、対話や議論を続けることが必要不可欠です。

Study 13

異文化の中で自分の意見を主張するには？

グローバル人材になるための交渉術

グローバル社会を可能にする多文化主義

グローバル化が進み、異文化の中にあって自分の態度を明確にし、意見を述べることのできる人材がビジネスの場で求められている。そういった人材に必要なのは、語学力や対話力に限らない。それは、さまざまな文化の多様なあり方を受け入れるという多文化主義の考えだ。

カナダの哲学者C・テイラーは、文化の差異は、一方を同化させて画一化するのも、留保なしに受け入れるのも間違いだと批判し、その中道を行く考えを示している。つまり、**あらゆる文化の独自の価値を認め、傲慢ではなく、好意的な態度で差異と共生していこう**というのだ。双方が歩み寄ろうとする態度こそが、対話の扉を開き、相互の承認を結実させる鍵であり、グローバル化をより良いものにする方法だ。

差異と「共生」する多文化主義

対立したら優位者が引く

私はこう思う
いいや、その意見は受け入れられない

意見が対立し議論が白熱するのはいいことだ。しかし、最終的にはどちらかが歩み寄らないことには前に進まない。そんなときは「優位者」の立場にあるほうが折れるのが、一般的なルールである。

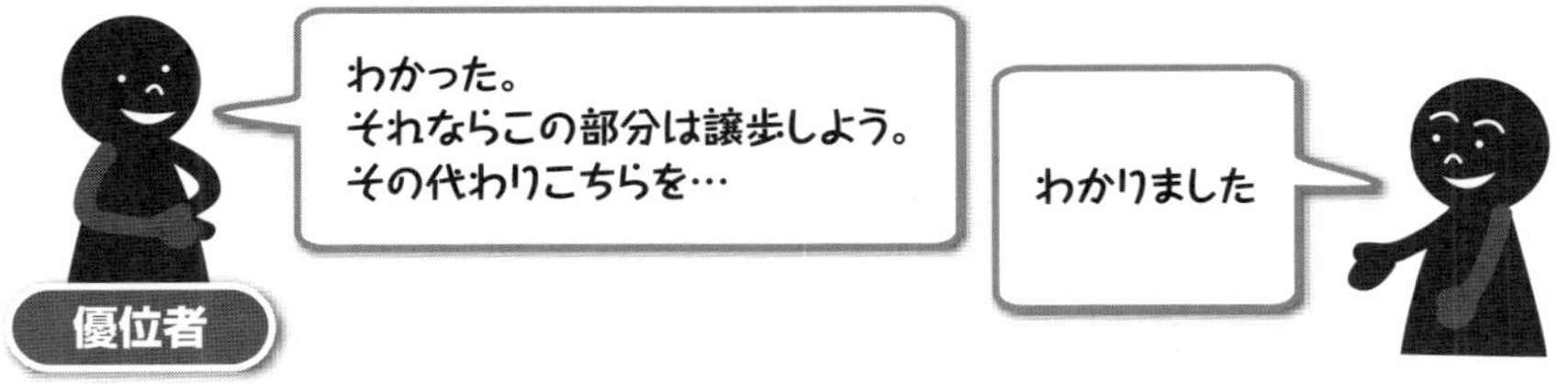
わかった。
それならこの部分は譲歩しよう。
その代わりこちらを…
わかりました
優位者

Column

議論が対立したとき、どうすべきか？

多文化主義の議論は、いわゆるカナダの「ケベック問題」をきっかけに広がったと言っても過言ではありません。カナダは英語系社会ですが、フランス語系の社会であるケベック州との対立が独立問題に発展するほど激化したのです。そこで、1971年当時の政権は、世界で初めて多文化主義を政府の公式の政策として採用したのです。ケベック州政府には、教育を中心に幅広い自治権が認められ、フランス語も公用語として認められました。

私は商社で働いていたころ、中国人とビジネスを展開したことがありますが、彼らとの文化の違いに悩まされるケースが多くありました。そのときに学んだのは、議論というのは歩み寄りがなければ前に進まないということ。そして、どちらも自分の意見を主張しているとき、優位者の立場にいる側が折れてあげないといけないということです。このケースの場合、仕事を統括しているのは私でしたから、こちらが優位者ということになります。したがって、私のほうが先に歩み寄って、中国側の主張を聞き、折り合いをつけることで対立を回避しました。グローバル市場で働くということは、そのような決断力も求められるのです。

Study 14

功利主義を乗り越えた倫理を獲得する

企業倫理のあり方とは？

企業は功利主義か？

２０１０年、マイケル・サンデル教授による『ハーバード白熱教室』がＮＨＫで放映され、「政治哲学(political philosophy)」という学問が一躍脚光を浴びた。サンデルの講義で有名なのは、正義について論じたものだろう。彼は、共同体の利益を最大化するには、少数者の幸福よりも多数者の幸福を増大させるほうが望ましいとする「最大多数の最大幸福」の功利主義を批判し、**共同体にとって何が善いことかを原理とする「共通善」の考え方を提示**した。

ところで、多くの企業は利益と不利益をあわせて総体での利益向上を図るという意味で功利主義の立場だが、サンデルの批判はそのような企業にも向けられているのではないか。近年注目されている「企業倫理」という概念と無関係ではないだろう。

Column

人間は、必ず間違いを犯す可能性がある

1972年、エンストして停まっていたフォード社製の自動車ピントが後続車に追突されて炎上し、運転していた男性が死亡するという事故が起こりました。その後、フォード社はピントが追突事故に脆弱《ぜいじゃく》であるという欠陥を把握していながら、事故発生時に支払う賠償金額のほうが欠陥対策に掛かるコストより安価であるという判断から、欠陥を放置していたことが判明。多額の賠償金の支払いが科せられたばかりか、同社の信用を失墜させる結果になりました。有名な「フォード・ピント事件」です。

どうしてこのようなことが起こったのか？　それは、企業が功利主義を追求し過ぎたためというより、あらゆる法律、あらゆる思想の根底をなす「人間の尊厳を損ねてはいけない」という前提を無視したからだと考えたほうがいいでしょう。

このことは、人間はどんなに大切なことでも無視したり、忘れたりする可能性があるということを示しています。企業倫理は、会社の行動に関係する一人ひとりの人間が、個々の現場において正しい判断を行うために絶対に必要なものだといえます。

功利主義と企業倫理

あらゆる法律、
思想の根底をなす
基本原理

人間の尊厳を損ねてはいけない

企業の目的

企業は利益をあげねばならない

**ふたつの原理を
「あれか？　これか？」で選ぶのではなく、
同時に実現させる方法を考える。**

功利主義

行為や制度は、その効用（功利、有用性）によって決定されるとする。イギリスの哲学者ジェレミー・ベンサム（Jeremy Bentham）とJ・S・ミル（John Stuart Mill）によって提唱された。すべての人を幸福にすることができない以上、少数の犠牲があってもできるだけ多くの人がより多くの快楽とより少ない苦痛を得ることに善悪の基準をおく「最大多数の最大幸福」を基本原理とする倫理思想。多くの企業は功利主義の立場を取っている。

who's who

マイケル・サンデル

（Michael J. Sandel　1953年～）

ハーバード大学教授。アメリカの哲学者、政治哲学者、倫理学者。
リベラリズムを批判するコミュニタリアン（共同体主義者）の代表的論者。手続き的な正義よりも、共同体における善の中身の議論を重視する立場をとる。ハーバード大学における人気講義「Justice（正義）」は、日本でも『ハーバード白熱教室』としてNHK教育テレビで放映された。

第5章

親《しん》鸞《らん》の教えに学び、より良い「生」を手に入れる

本多弘之（ほんだ　ひろゆき）
親鸞仏教センター所長・本龍寺住職

親鸞は、貴族社会から
武家社会へという、大きな
社会の変革期を生きた。
「**悪**《あく》**人**《にん》**正**《しょう》**機**《き》**説**《せつ》」や「**他**《た》**力**《りき》**本**《ほん》**願**《がん》」などの思想や、
僧でありながら公然と「**肉食妻帯**」を行うなど、
センセーショナルなエピソードを持つ親鸞は、
徹底的に、そして正直に自己を見直し続けた
思想家であった。

Profile

1938年生まれ。東京大学農学部卒業、大谷大学大学院修了。大谷大学助教授を経て2001年より親鸞仏教センター所長。本龍寺（東京・台東区）住職。親鸞研究の第一人者であり、親鸞仏教センター所長として親鸞の思想解明に取り組みつつ、親鸞の教えを一般にもわかりやすく解説する活動も行っている。著書に『親鸞思想の原点　目覚めの原理としての回向』（法藏館）、『親鸞に人生を聴く』『近代親鸞教学論』（以上、草光舎）、『はじめての親鸞』（聖文社）、『浄土』3巻（樹心社）、『知識ゼロからの親鸞入門』（幻冬舎）、『〈親鸞〉と〈悪〉 われら極悪深重の衆生』（春秋社）など多数。

Study 1

思想・哲学の学び方

親鸞の思想の本質は何か

親鸞の言葉

経釈《きょうしゃく》をよみ、学《がく》せざるともがら（輩）、
往生《おうじょう》不《ふ》定《じょう》のよしのこと
この条すこぶる不足言の義といひつべし
他力真実のむねをあかせるもろもろの聖教《しょうきょう》は、
本願を信じ、念仏《ねんぶつ》をまうさば仏になる、
そのほかなにの学問かは往生の要なるべきや
（『歎異抄《たんにしょう》』より）

訳　経典や註釈を読んだり学んだりしない者が往生できるかどうか、はっきりしない。この項目は言うに足らないことではあるが、他力真実の趣旨を明かした、いろいろな経典や祖師・高僧の教えは「（阿弥陀仏の）本願を信じ、念仏を称えれば仏になる」ことを強調している。そのほかに、どんな学問が往生の要となるだろうか。

親鸞や仏教が誤解される理由

親鸞に限らず、思想・哲学を学ぶ際に気をつけなければいけないのは、第1に大綱をつかむこと、第2に用語の意味を正確に押さえることだ。最初に大綱、すなわちその思想・哲学の中核をなす部分を把握すれば、細目もわかりやすい。親鸞や浄土《じょうど》の教えの大綱は「**念仏を称えれば浄土に往生《おうじょう》できる**（往くことができる）」という、いたってシンプルなもので、それ以外に往生の方法はない。

用語の意味を正確に理解することも大事だ。たとえば、「往生」と「成仏《じょうぶつ》」を同じ意味だと思っている人がいるが、伝統的な仏教用語では往生は極楽《ごくらく》浄土へ行くこと、成仏は仏になることだから、明らかに意味は異なる。

念仏とは

南無阿弥陀仏と称えること。南無阿弥陀仏とは「すべてを阿弥陀仏にあずける」「おまかせします」との意味。

南無《なむ》：帰命の意。命をあずけること

阿弥陀仏《あみだぶつ》：主に浄土三部経で説かれる仏で、西方極楽浄土の教主。無量光仏の異名もある。修行時代の名前は法蔵菩薩。そのとき、衆生《しゅじょう》救済に主眼を置く四十八願を立て、すべて成就したことから、仏になった。

親鸞の生涯

修行時代

1173年 京都に生まれる

1181年 出家し、比叡山へ

1201年 比叡山を下り、六角堂に100日参籠《さんろう》

同年 法然《ほうねん》の弟子となる

布教時代

1207年 承元法難で、越後へ流罪

1214年 関東へくだり、活発に布教

執筆時代

1235年 このころ、京都へ戻り、執筆活動に入る

1262年 入滅

往生したからといって、自動的に仏になるわけではないのだ。

Column

親鸞は苦悩の根源を明らかにした

親鸞は1173年に京都で生まれました。当時「平家にあらずんば人にあらず」とまで言われ、栄華をきわめた平氏でしたが、壇ノ浦の戦いで源氏に敗れ、滅亡しました。このとき、親鸞は13歳。時代の変わり目に多感な少年期・青年期を送ります。それまでゆるぎなく存在していたものが、まったく無価値と思われるものにとって代わられる。戦や飢饉、疾病、大地震で多くの人々が死んでいく、いわゆる「末法《まっぽう》の世」です。価値観が根底からひっくり返される状況で、人々は不安をつのらせ、続々と宗教者が誕生しました。

親鸞の思想は、なぜ人間は苦しみもがくのか、苦悩の根を掘り下げていく思想です。安易な救いではありません。苦悩の一番の元凶をつかむことを大事にします。苦しんでいる状態をなんとかしようという発想の延長線上で超越者を拝むのではありません。

Study 2

末法に戒律は不要、戒律をたもつ者は奇怪な存在

時と場所によってルールや価値観は異なる

親鸞の言葉

たとひ末法のなかに持戒《じかい》あらば、すでにこれ怪異《かいい》なり
いち(市)にとら(虎)があらんがごとし

(『教行信証《きょうぎょうしんしょう》』より)

訳

もし、末法の時代に戒律をたもつ者がいたら、それは奇怪なことである。市場《いちば》に虎がいるようなものだ。

ルールを理解しないと行動を誤りやすい

時代や場所が異なれば、ルールや習慣も異なる。**その時、その場所のルールを理解しないと、適切な行動がとれないし、まわりの人びとの信頼も得られない。**

親鸞の主著である『教行信証』には「末法に戒律をたもつ者がいたら、怪異な存在である」とある。釈迦《しゃか》の正しい教えが生きている正法《しょうぼう》の世では戒律が重視されたが、正しい教えが失われた末法の時代に戒律は不要だ。戒律に固執する者がいたら、その人は時代に応じた修行をしていない奇怪な人物で、虎のように危険な存在であるとされた。

どんな企業や集団にも、その組織特有のルールや暗黙の了解がある。新入社員や中途採用者などは一刻も早く、そうしたルールや組織の価値観、ものの考え方、行動の仕方などをおぼえる必要がある。

時代・状況・場所によって ルールや習慣、もののの考え方は異なる

正法・像《ぞう》法《ぼう》	→	戒律重視	『大集経』には「国王大臣、破戒の僧を供養すれば、くに（国）に三災おこり、ついに地獄に生ず」とある。
末法	→	戒律不要	人に迷惑をかけなければ何をしても自由だが、自律が必要。

末法思想とは

釈迦の入滅後を正法、像法、末法の時代に区分し、仏教が次第に失われていくとする思想。親鸞は『末法明記』によって正法500年、像法1000年と考えた。

正法
釈迦入滅後の500年間を正法、すなわち仏の正しい教え（教）が受け継がれ、その教えに沿った実践（行）が行われ、確かな結果（証）が得られた時代とする。

像法
正法の後の1000年間を像法、すなわち仏教の像（かたち）だけが受け継がれ、教えも実践もあるものの、確かな結果が得られない時代とする。

末法
像法の後を、釈迦の説いた教えこそ残っているものの本当の意味は失われ、実践も結果もなくなり、争いごとが絶え間ない末法の時代とする。

Column

体制が変化し、従来の価値観が崩壊

親鸞が活躍した12～13世紀の日本は貴族社会から武家社会へと体制が大きく変化した時代です。源平の争乱や北条氏の内部抗争などの戦乱に加え、地震や大風などの自然災害、疾病、飢饉も相次ぎ、人びとは塗炭の苦しみにあえいでいました。仏教で説く「末法の世」であることが実感された時代です。

なんらかの「救い」や「希望」を求めて人びとの魂は放浪していたといってもよいでしょう。そうした機運に応えて登場したのが親鸞（浄土真宗）はじめ、法然（浄土宗）、一遍（時宗）、栄西（臨済宗）、道元（曹洞宗）、日蓮（日蓮宗）ら鎌倉仏教の開祖たちでした。このうち、親鸞、法然、一遍らは浄土の教えを選択。八万法蔵といわれる膨大な経典の中から浄土経典を、多数の仏・菩薩の中から阿弥陀仏を選び、時代に応じて発展させ、念仏を称えることで、すべての人の救いが得られるとしました。

Study 3

いろいろ手をつけず、ひとつのことに集中する

余計な修行や雑用を捨てて法然に弟子入り

親鸞の言葉

愚禿釈《ぐとくしゃく》の鸞《らん》、建仁辛酉《けんにんかのととり》の暦、
雑行《ぞうぎょう》を棄てて本願に帰す

（『教行信証』より）

訳

親鸞は、建仁元年（1201年）、雑行、すなわち浄土経典以外の経典、阿弥陀仏以外の仏・菩薩を捨て、浄土経典と阿弥陀仏に帰依することを決めたのである。

限りある時間は一番大事なことに使う

ここに掲載したのは、晩年になって、法然に弟子入りしたときのことを振り返って述べた言葉である。狭い意味では浄土経典以外の経典や、阿弥陀仏以外の仏・菩薩を捨て、浄土の教えと阿弥陀仏に帰依したことを指す。親鸞にとって、それはそのまま法然の弟子になることだった。余計な修行や雑用を捨て、やらなければならないことに集中したわけだ。

私たちにあてはめれば、「いっぺんに、いろいろなこと（雑行）に手をつけないで、一番大事なこと（本願）に集中せよ」となる。やらなければならないことは多く、手持ちの時間は限られている。**限られた時間の中で目的を達成するためには最も重要なことに時間を振り向けることだ**。抱えている仕事に優先順位をつけ、雑用を捨てなければならない。

一番大切なことに集中する

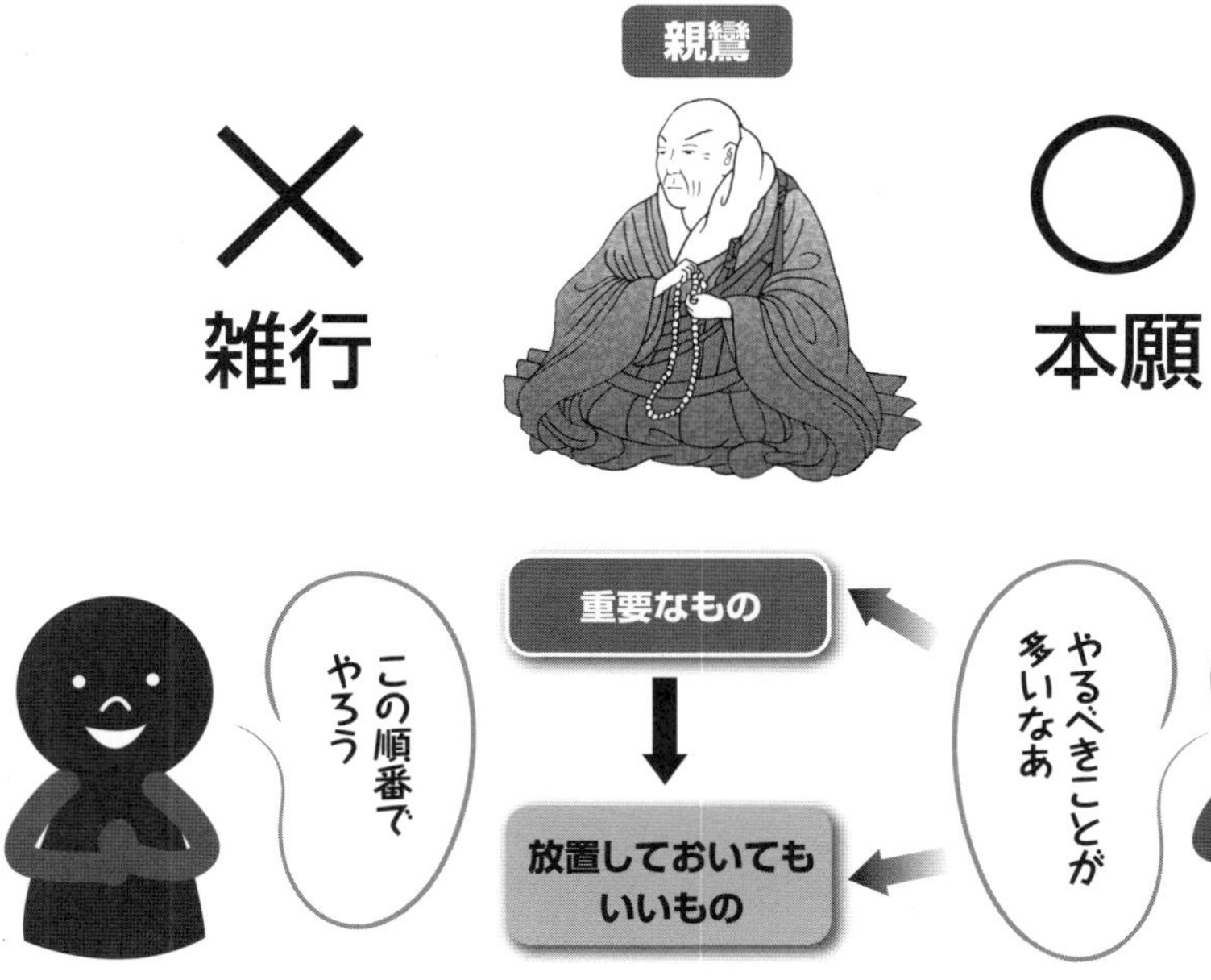
親鸞
×
雑行
○
本願
重要なもの
放置しておいても
いいもの
この順番で
やろう
やるべきことが
多いなあ

Column

無理して自分を偽る生き方をする必要はない

親鸞の思想は、仏教の伝統的な言葉の使い方、概念規定を無視しては考えられません。「他力」にしても「本願」にしても、従来の使い方を一応は踏まえる必要があります。親鸞も浄土経典や中国浄土宗の僧である曇鸞《どんらん》、善導《ぜんどう》、道綽《どうしゃく》や、日本の源空《げんくう》、法然らの用語の使い方を踏まえたうえで、新しい展開を図りました。

もっとも、仏教学者には仏教学者の欠点があって、あまりにも厳密に解釈してしまい、言葉の概念だけで捉えがちです。ですから、学者が書いたものは一般の方には、あまりおもしろくありません。

私は仏教学者として親鸞を研究しているのでもなく、現代の思想として親鸞を翻訳しようとしているわけでもありません。ひとりの愚かな人間として、つたないいのちを生きていく「よすが」として親鸞に接しています。「無理して虚偽の生き方をする必要はないんだよ」との呼びかけに励まされています。

Study 4

答えを求め、聖徳太子を祀る六角堂にこもった

重要な問題解決には、まとまった時間を投入せよ

親鸞の言葉

やま（比叡山）をいでて、
六角堂《ろっかくどう》に百日こもらせ給て、
ごせ（後世）をいのらせ給けるに、
九十五日のあか月（暁）、
聖徳太子の文をむすびて、
じげん（示現）にあづからせ給て候

（『恵信尼消息《えしんにしょうそく》』より）

訳

親鸞は比叡山を下りて、京都・六角堂に100日間こもられて、後世を祈ったところ、95日目の早朝、聖徳太子の文を結び、太子が出現された。

目の前のことに全力を尽くす

『恵信尼消息』は親鸞の妻だった恵信尼が著した、末娘の覚信尼に宛てた手紙である。親鸞の思想や行動に関する記述も多い。親鸞は目の前のことに手を抜かなかった。**問題解決や重要な仕事を行ったりするときには、まとまった時間を投入する必要がある。**

親鸞も課題や問題を抱えている際は時間をかけて、その解決に取り組んだ。たとえば、比叡山での修行に限界を感じ、山を下りた後、聖徳太子を祀る京都・六角堂に100日間こもっている。比叡山では満足できる結果が得られず、性欲などの煩悩も少しも消えなかったからだ。95日目の早朝、目の前に聖徳太子が現れ、「女犯の偈《にょぼんのげ》」といわれる偈文《げぶみ》を与えた。

親鸞の人生を大きく左右する出来事となったが、そのために95日間が費やされている。

京都・六角堂と聖徳太子

六角堂は聖徳太子が建立したといわれる寺。聖徳太子は仏教の興隆に熱心で、四天王寺などの大寺を建立したほか、『三経義疏《さんぎょうぎしょ》』（法華経、維摩経《ゆいまきょう》、勝鬘経《しょうまんぎょう》の注釈書である『法華義疏《ぎしょ》』『維摩経義疏』『勝鬘経義疏』）を著した。
観音菩薩の化身である中国の南岳大師慧思《なんがくだいしえし》の後身とされた。観音菩薩は阿弥陀仏の脇侍《きょうじ》で、浄土信仰との関係も強かった。

智慧とは

真理を明らかにし、悟りを開く働きのこと。「知恵」よりもさらに根源的で、自分の立場さえも根本から批判する。

Column 若き日の親鸞は「信心の智慧《ちえ》」を磨いた

若き日の親鸞は「信心の智慧」を磨きました。これは信仰を基盤にした心の目といえます。仏法に対して根源的な批判の刃を浴びせたといえるかもしれません。

信心の智慧は世間的な知恵とは違います。世間的な知恵であれば、頭の悪い人もいますし、賢い人もいます。もっと根源的なもので、今まで自分が立っていた立場、自分がよしとしている立場さえも根本から批判する智慧といえます。

通常の思索では、自分の中にある闇が見えてきません。外へ外へと解決の方向を求め続けて、そして行き詰まります。そうした立場を顛倒《てんどう》*として、ひっくり返す。このような意識の変換が、親鸞の中で起こりました。

これは反省と違います。どんなに反省しても、いよいよ自分を苦しめてくるような問題にぶつかると、どこかで逃げてしまう。自分の中の闇に直面できないのです。

＊顛倒：さかさまになっていること。ひっくり返っていること。

Study 5

未来の自分を決定するのは、今の自分

過去に執着せず、未来を見据えよう

今の自分は、これまでの決断と行動の上にある

失敗やミスを、いつまでも悔やんでいたら未来は開けない。すでに起きたことは変えられないからだ。親鸞は『歎異抄』で、過去に多くの善いことをしたから、今世でも善いことをしようと思うのであり、過去に悪いことをしたから、今世でも悪いことをしようと思うのである、と述べている。宿善の「宿」とは一般的に「過去からの」を意味する。

一見、あらかじめすべてが決まっているとする運命論のようだが、そうではない。瞬間瞬間、自分で自由に決断し、行動した結果のうえに、今の自分があると言っているのだ。とすると、**未来の自分を決定するのは、今の自分**ということになる。過去の因縁によって多少の制約は受けるものの、未来は、今現在の私たちの決断と行動によって決まるのである。

親鸞の言葉

よきこころのおこるも、
宿善《しゅくぜん》のもよほすゆゑ《(え)》なり
悪事《あしきこと》のおもはれせらるるも、
悪業《あくごう》のはからふゆゑなり

（『歎異抄』より）

訳

善い行いをしようと思うのも、過去世《かこぜ》や現世《げんせ》のさまざまな善い行為の積み重ねであり、悪い行いをしようと思うのも、さまざまな悪い行為の積み重ねによるのである。

過去をひきずらず、未来に目を向ける

過去
現在
失敗やミスが
悔やまれるなあ
現在
未来
現在が大事だ。
今の頑張りが
未来を決める

失敗やミスを、いつまでも悔やんでいても未来は開けない。

未来の自分を決定するのは、今の自分。未来は、瞬間瞬間、自分で自由に決断し、行動した結果によって決まる。

Column

人間存在そのものを根本から批判した

親鸞は人間存在そのものを根本から批判するような視点を選び取りました。自分の確かだと思っていた立場がひっくりかえされて、まったく新しい立場に立たされたのです。

親鸞が生きた12～13世紀は災害や戦乱が相次ぎ、末法思想の影響もあって人々の心はすさみ、「何をしても仕方がない」との無力感・絶望感におおわれていました。人間を肯定できるものがほとんどない、絶望的時代が来ていたともいえます。先が見えないという点では現在の時代状況も似通っているかもしれません。

そういう中にあって、親鸞は人間を信頼しうる、人間の命を尊重しうる、そして人間だけではない一切衆生《いっさいしゅじょう》（広い意味では感情や意識を持つもの＝動物）の命を本当に肯定しうるような視点を示しました。

親鸞の思想に触れ、それを学ぶことで、私たちは窮屈な生き方や自分を偽る生き方をしなくてすみます。そこに親鸞の無限の魅力があるのです。

Study 6

ありのままの自分を受け入れよう

愛欲に迷い、名声や実利を求める自分も救済されると確信

親鸞の言葉

悲しきかな、愚禿鸞、愛欲の広海《こうかい》に沈没《ちんもつ》し、
名利《みょうり》の太山《たいせん》に迷惑して、
定聚《じょうじゅ》の数に入ることを喜ばず、
真証の証《さとり》に近づくことを、
快《たの》しまざることを、
恥づべし、傷《いた》むべしと

（『教行信証』より）

訳

なんと悲しいことか、この愚禿釈親鸞は愛欲の広大な海に沈み、名声と利得の高山に迷いこみ、必ず仏となることが決まっている人と数えられても喜ぼうとしない。仏の悟りに近づくことをうれしいと思わないでいることを恥じ、心を痛めなくてはならない。

ありのままの自分を受け入れる

自分に対する評価が低い人は「今現在の自分」を否定しがちだ。特に失敗やミスを犯したとき、自分の欲望をコントロールできなかったときなど、「私は何をやってもダメだ」と自分を責める人も多い。このような自己否定は、悲観的な思考につながるばかりで、意気があがらない。

親鸞は、ありのままの自分を受け入れることを教える。この引用文は、愛欲に迷い、名声や実利を求める自分の心を責めているように読めるが、実は現世利益を求める自分を恥じながらも、だからこそ救済されるという「喜び」が含まれているのである。

悲しいけれども、うれしい。**短所も欠陥もある自分を、そうしたものも含めて肯定することが、すべての出発点になる**のだ。

法然と親鸞の違い

法然　浄土で幸福になる。厭世《えんせい》的・自己否定的・戒律軽視。

親鸞　この世で幸福になる。現世利益《りやく》的・自己肯定的・戒律不要。

自分を肯定する

失敗やミスを犯した

↓

自分の欲望をコントロールできなかった

従来の考え方 → 自分はダメな人間だ

親鸞の考え方 → ダメな人間であるからこそ救済されることを確信

Column

本当の意味で人間を肯定しようとした

親鸞に対する理解のひとつに「(親鸞の思想も)人間を否定し、最終的に無に帰するのではないか」との見方があります。これは明らかに誤解です。むしろ親鸞ほど本当の意味で人間を肯定しようとした人はいなかったと言っていいでしょう。

この「肯定」の意味が難しいのですが、人間の営みそのものが嘘であるという批判を加えたうえで、人生はつまらないものだから、「やめてしまえ」「死んでしまえ」と、斜に構えるだけでは何にもなりません。本当の肯定をするために、いったん否定したのです。

親鸞は、本当の命を回復し、本当の人生の意味を見出して、「有限の命に無限の意味を感じてほしい」と私どもに呼びかけているのです。

つまらない自分を肯定するのではない。現状の自分を否定したうえでの絶対肯定を教えていると考えられます。

Study 7

師がいないと人格が磨かれない

生涯の師やメンター（導き手・助言者）を見つけよう

親鸞の言葉

たとひ法然上人《しょうにん》にすかされまゐ《い》らせて、
念仏して地獄におちたりとも、
さらに後悔すべからずさうらふ

（『歎異抄』より）

訳

たとえ法然上人にだまされて、念仏を称えたにもかかわらず地獄におちたとしても、後悔することはありません。

啓発を受け続けることで、限りなく前進

親鸞の師・法然は、浄土宗を開き、「南無阿弥陀仏」と称えれば誰でも極楽往生できるとの専修念仏《せんじゅねんぶつ》をとなえ、精力的に布教を行った。親鸞は「法然にだまされて地獄におちたとしても後悔しない」と言いきっているくらい、師への信頼は厚かった。

師弟というと古臭く感じるが、**誰しもメンター（導き手・助言者）にあたる人物が必要**だ。メンターがいないと、第1に人格が磨かれない。自己中心になってしまい、迷走したり、油断したり、傲慢になったり、まわりの人から、ひんしゅくを買ってしまうことになりかねない。第2に、師やメンターから学び、啓発を受け続けることで、前進を続けることができる。学ぶことをやめると、停滞し、いつのまにか行き詰まってしまうのだ。

師やメンターの必要性

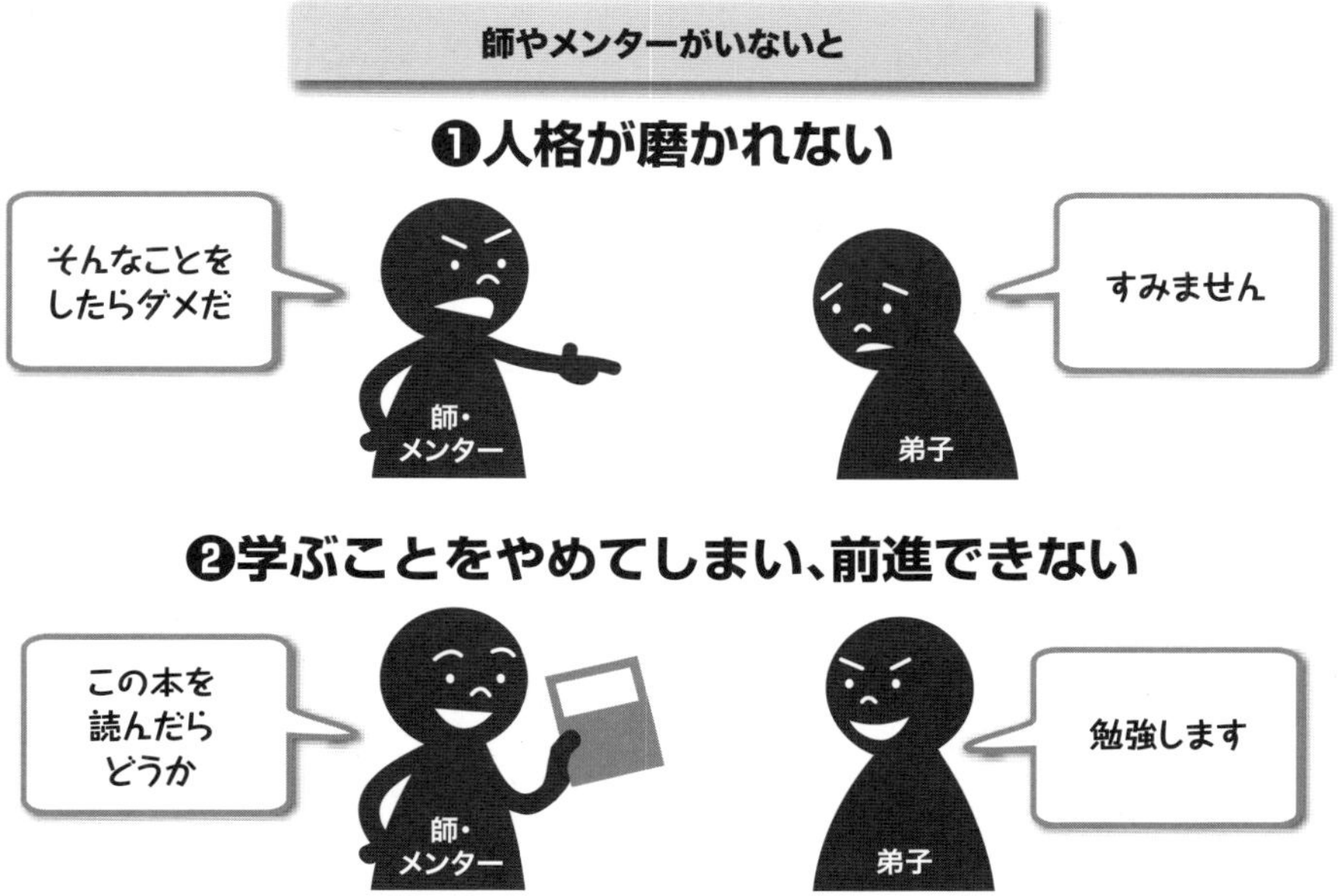

師やメンターがいないと
❶人格が磨かれない
そんなことをしたらダメだ
師・メンター
弟子
すみません
❷学ぶことをやめてしまい、前進できない
この本を読んだらどうか
師・メンター
弟子
勉強します

Column

全存在をかけて対話し、師弟のちぎりを結んだ

六角堂で夢告を受けてから、親鸞は吉水の法然の庵を訪ねます。雨の日も風の日も、百日間法然のもとに通いました。『恵信尼消息』には「降るにも照るにも、いかなる大事にも、参りて」（雨の日も晴天の日も通い続けた）という記述があります。そして「建仁辛酉の暦、雑行を棄て本願に帰す」（『教行信証』）と念仏以外では救われない、本願の念仏こそ唯一の救いの道であると理解し、法然に弟子入りすることを決心しました。

29歳の親鸞が法然のもとに通ったとき、法然は69歳でした。親鸞には法然に聞きたいことが山のようにあり、多くの質問を投げかけたに違いありません。人が全存在をかけて、生きている内実を語り、それをその現場で聞けば、いったん文字化され、客観化された文章にふれるのと違い、時間、空間、そして湿度などを肌で感じながら共感することができます。その人の体験したことに、より近いかたちで触れることができます。メンターがいるということは、自分以外の人生を追体験できることでもあるのです。

Study 8

理性を偏重すると大事なものが見えなくなる

自分への過度の信頼を捨てよう

親鸞の言葉

弥陀の本願を信じ候《さぶら》ひぬるうへには、
義なきを義とすとこそ
大師聖人のおほせにて候へ。
かやうに、義のあらんかぎりは、
他力にはあらず
自力《じりき》なりときこえて候ふ。

（『親鸞聖人血脈文集』より）

訳

阿弥陀仏の本願を信じるのであれば、「（他力では）義がないということを本義とするのである」と法然聖人はおっしゃった。このように義（分別・理性）が残っているうちは他力ではなく、自力であると（繰り返し）聞かされたのだ。

「自力」とは理性への過信

親鸞は「自力」を否定し、「他力」を賞賛する。自力には、いろいろな解釈があるが、理性への過信とする見方が一般的だ。親鸞も「はからひ（分別・理性）は自力」と述べている。

理性を盲信すると、浄土や阿弥陀仏などは絵空事にしか思えなくなる。ましてや本願（阿弥陀仏のはたらき）を信じることなど、できそうもない。理性は私たちが生きていくうえで必要不可欠なものだが、世の中には理性で割り切れないものがたくさんある。運、不運や死後が、その最たるものだ。理性で割り切れるものしか信じず、納得できないものを切り捨てていくと、世界がうんと狭くなる。**理性にもとづく合理的な判断・行動は大事だが、過信すると視野が狭くなる**のだ。

「自力」の思想では自身を回復できない

近代科学文明は人間の理性への信頼が強い。

科学的世界観とは現象を数理化・法則化し、人間に都合がいいように、自然界を構築し直したもの。

理性への信頼を背景にした人間中心主義

親鸞の視点からすると、人間中心主義は「自力」の思想になる。
自力の思想では、人間は本当に自分自身を回復することはできないと考えた。

Column

人間の力の限界を自覚する

人間の理性を信頼するという強固な考え方、つまり自分を信頼し、自分を正当化し、自分の力を評価するという人間中心主義的な発想は、親鸞の時代の言葉で言えば、「自力」という言葉で表現されます。

「自力」とは一般的な仏教用語としては自分の力で修行して悟りを得ること、あるいは修行して得た智慧・分別などを指します。自分の身をよしとし、自分の心をよしとし、自分の営みを正しいとする発想と言えるでしょう。親鸞も「自分の能力に頼り、理性的な考えをもとにして、身や口、心の乱れをとりつくろい、すばらしい人を装って浄土へ往生しようと思うことを自力という」(『末燈鈔』)と述べています。つまり理性を偏重することこそが、親鸞の言葉でいえば自力となります。

親鸞は12〜13世紀に「そうした自力中心の考え方では人間が本当に自分自身を回復することはできない」と訴えました。他力本願とは、他人の力に依存することではなく、自分の力の限界を自覚することなのです。

Study 9

自力では、おごりや優越感を取り去れない

自尊心が強すぎると人間関係がうまくいかない

親鸞の言葉

また他力とまうすは、
仏智不思議にて候なるときに、
煩悩《ぼんのう》具足《ぐそく》の凡夫《ぼんぶ》の無上覚のさとりをえ
候なることをば、
仏と仏の御はからひなり。
さらに行者のはからひにあらず。

（『親鸞聖人血脈文集』より）

訳

また他力というのは、仏の智慧の不可思議な領域で煩悩を具足した凡夫が悟達を得ることができるのも仏と仏が計画されたことなのである。行者の分別・理性で得られたものではない。

「努力」という言葉の背後に強い自尊心がある

親鸞は「懸命に努力すれば浄土に行ける」「頑張って念仏を称えれば浄土に行ける」といった考え方を「自力」として否定する。もちろん、努力や念仏を否定しているわけではない。言葉の背後に、「懸命に努力しているのだから、成功するのは当然」「頑張っているのだから、賞賛してほしい」といった高い自尊心やおごりがあることを見破っているのだ。

ビジネスでも人間関係でも、自尊心が強すぎると失敗しやすい。**強すぎる自尊心やおごりは、傲慢な態度や、それと対照的な過度のへりくだり（卑下）となって表れる**。「自分が」「自分が」となって、他の人を立てることができないので、往々にして人間関係を悪くしてしまう。仕事や人間関係では、いったん「自力の思想」から離れることが大切だ。

頑張れば報われる…と思わない

懸命に努力すれば
浄土に行ける
頑張って念仏を
称えれば
浄土に行ける

「自力」として否定

言葉の背後に強すぎる自尊心やおごりを感じた。

「懸命に努力しているのだから、成功するのは当然」

「頑張っているのだから、賞賛してほしい」

強すぎる自尊心やおごり

↓

傲慢な態度となって表れる

↓

周囲の反発を買い、人間関係が悪化

Column

親鸞自身が「自力の限界」を示した

比叡山で厳しい修行を続けてきた親鸞は29歳のとき、山を下りました。その理由は、さまざま考えられますが、20年間、がむしゃらに修行と学問を続けても、自分の中にあるおごりや優越感を取り去ることができず、また性欲にも悩まされ、煩悩を消すことができなかったことに限界を感じ、最終的には自信を失ってしまったのではないかと考えられます。

現代の科学文明も親鸞と同様、自力の思想の限界を示しているようです。科学的なものの考え方とは、現象の一部分を切り取り、数理化・法則化して、もう一度、人間に都合がいいように構築し直したものです。その背景には、人間は正しい存在、神に近い存在であり、人間のやっていることは将来的には絶対的な正しさに近づいていく、という理性への過度の信頼があります。

ただ、そうしたデカルト以来の人間中心主義、理性偏重も21世紀に入って大きな壁にぶつかっています。

Study 10

自分を苦しめているものは何かを徹底的に追求

「執着する心」が自分を苦しめ、悩ませる

親鸞の言葉

煩悩具足のわれらは、いづれの行にても、生死をはなるることあるべからざるを哀れみたまひて願をおこしたまふ本意、悪人成仏のためなれば、他力をたのみたてまつる悪人、もともと往生の正因なり。

（『歎異抄』より）

訳

さまざまな煩悩や欲望にまみれている私たちは、どんな修行を行ったとしても、迷いや悩みを離れることができないのを（法蔵菩薩が）哀れまれて願を起こした本意は悪人を成仏させるためなので、他力をたのむ悪人こそ極楽往生の正しい因を持っているのである。

本来の自分自身を取り戻せ

親鸞の思想とは、ひとことでいえば、本来の自分自身を取り戻すことだ。生きている限り、人間にはさまざまな悩み、苦しみがある。仏教は自分を苦しめているものは何かということを突き詰めて考え、「それは執着する心があるからだ」と見抜いた。

「お金が欲しい」「恋人が欲しい」「成功を手にしたい」といった願望は誰もが持っているが、それは、お金や恋人、成功に執着しているからだといえる。執着する心が悩みや苦しみを生み、簡単には手に入らないことで、いっそう悩みや苦しみが大きくなる。

ただ、だからといって、執着や欲望を捨てればよいというわけではない。それらがなくなってしまったら、生きている喜びや楽しみの大半が失われてしまう。**大事なのは執着や欲望に支配されないこと**だ。

六角堂の夢告

煩悩を消すことができなかった親鸞の前に救世観音が僧の姿で現れ、「たとえ女犯があっても、その相手は私（観音）が女の姿となったもの。私が玉女となって肉体の交わりを受けましょう。そして、あなたの一生を立派なものにし、必ず極楽に生まれさせましょう」と告げたという。

私（観音）が
玉女となって
あなたとの交わりを
受けましょう

僧侶には、女性に近づいてはならないという厳しい戒律があった一方で、実際は僧の妻帯は公然の秘密でもあった。そもそも人間は色と欲から生まれてきたのであり、切り離すことはできない。その矛盾に苦しんだ親鸞の出した答えは、男も女も、すべての人間がありのままの姿で救われる、阿弥陀仏の絶対の救済という考えであった。

Column

妻帯という画期的な生き方を選んだ

執着や欲望に支配されないためには親鸞の生き方がヒントになります。

親鸞が比叡山を下りた理由のひとつとしてタブー視されていた性の問題を突き破るためということが考えられます。そうした解釈ができるのは「六角堂の夢告」があったからで、親鸞の性に対する葛藤・問題意識に応えて救世《ぐせ》観音が示現したからです。

親鸞は後に恵信尼と結婚しますが、タブー視されていた性の問題を抑え込まないで、人間として生きていくひとつのあり方として、結婚という生活形態をとりました。執着や欲望に支配されない生き方を示したのです。親鸞にとっては、むしろ悩みや苦しみさえも楽しみだったのかもしれません。

僧の妻帯は平安時代初期から行われていましたが、「女人戒」があったため、皆、隠していました。ところが、親鸞は隠さなかった。しかも、仏教者として生きることを捨てないという点では画期的な生き方を選んだといえます。

Study 11

執着や欲望を捨てる必要はない
善人とは「煩悩を離れた人」、悪人とは「煩悩にまみれた人」

親鸞の言葉

善人《ぜんにん》なほもつて往生をとぐ、
いはんや悪人《あくにん》をや

（『歎異抄』より）

訳

善人ですら極楽浄土に往生できるのに、ましてや悪人が往生できないはずはない。

執着や欲望が原動力となり、人間は成長する

執着や欲望などの煩悩を捨てる必要はない。むしろ、**執着や欲望があるからこそ、それが原動力となって人間は成長することができる。**

成功を欲するからこそ、懸命に頭を使い、最善の策を考える。

親鸞自身もそうだった。六角堂へこもったことも、法然への弟子入りも、自分の疑いや問いに対して答えを欲したからだ。「悪人こそ救われる」とする有名な「悪人正機説」も、煩悩を捨てる必要がないことを教える。というのは善人とは端的に言えば「煩悩を離れた人」、悪人とは「煩悩にまみれた人」を指すからだ。

どのようにして煩悩を支配するか。自分の中に芯になるものを打ち立てるしかない。芯ができれば、執着や欲望をコントロールする道が見えてくる。

執着や欲望が人を成長させる

執着や欲望を捨てる	執着や欲望を原動力にする
↓	↓
生きている喜びや楽しみが失われる	人として成長する

悪人正機説

「自力」の心 ➡ 阿弥陀仏の力におすがりするという、「他力本願」の教えに反している。

阿弥陀仏の願いは、生きとし生けるすべての衆生を救うこと。

↓

極楽浄土へ行くことができない悪人こそ、
阿弥陀仏におすがりすることで、救われるのだ。

Column

なにものにもビクともしない芯をつくれ

比叡山時代、親鸞は、さんざん修行したけれども、求めるものを獲得できませんでした。親鸞は思索力が強い方で、言い換えれば相当に疑い深い人でした。いろいろと教えを見聞してもすぐには納得できない。ところが、その親鸞が、どんな困難があってもビクともしない境地に達します。私たちの心は本当に揺れ動くし、情けないほど弱いのですが、本願を信じる、名号を信じるという心は金剛（ダイヤモンド）そのもので、もう壊れないのだ、とまで親鸞は言いきりました。

壊れないような芯をつくる。親鸞がよいお手本です。どんな状況になっても決して壊れないという人間存在の深みにまで杭が打ち込まれたのです。

比喩的に言えば、人間のハラワタをつきやぶって地獄の底にまで杭が届いたような状態。そういうものに貫かれたら、どんな問題に直面しても揺れ動くことはありません。

Study 12

親鸞の視点①　浄土よりも現世志向

現実に背を向けず、苦しみを直視せよ

親鸞の言葉

この世にて真実信心《しんじつしんじん》の人をまもらせたまへばこそ、
『阿弥陀経《あみだきょう》』には「十方恒沙《じっぽうごうじゃ》の諸仏護念《ごねん》す」とは
申すことにて候《そうら》へ
安楽浄土《あんらくじょうど》に往生してのちは、
まもりたまふと申すことにては候はず
娑婆《しゃば》世界に居たるほど護念すとは申すことなり
（『善性本御消息集《ぜんしょうほんごしょうそくしゅう》』より）

訳　（浄土ではなく）この世で真実信心の人を守られるからこそ、『阿弥陀経』には「ガンジス河の砂より多い十方の無数の仏が守る」と説かれている。安楽浄土に往生してから守るといっているのではない。この娑婆世界にいるときに守るといっているのである。

従来の浄土教は厭世的な傾向が強かった

中国の曇鸞、善導、道綽、日本の源信、法然らの浄土教（浄土経典を中心に据える宗派）の祖師らの教えは、今世で善行を積むことで、死んでから極楽浄土に往生するというものだ。極楽浄土とは、はるか西方にある、阿弥陀仏が住む清浄な国土を意味する。悩みや苦しみが多い現実世界（こちら）に対し、悪人が存在せず、悩みや苦しみのない浄土（あちら）である。信徒は、どうしても厭世的な傾向が強くなる。なかには「一刻も早く浄土に往生したい」と自死を選ぶ人間もいたほどだ。

対して、親鸞は引用文を見てもわかるように現世志向が強い。あちらには興味がないといってもよいほどだ。親鸞は「**現実に背を向けるな**」「**苦しみを直視せよ**」と私たちに呼びかけている。

善導と親鸞の考え方の違い

善導

現世(こちら)で死んだあと、
浄土(あちら)に往く。

親鸞

今、ここで救われる。

「顕浄土」とは、浄土へ往くのではなく、浄土を顕すことである。

←

自分の中に浄土を確立する。

←

死んでからではなく、今、ここで仏に守られる。

Column

「今」「ここで」幸せになれる

中国の曇鸞、善導、道綽らを祖師とする浄土教は人間がこちら(現世)で死んで、あちら(浄土)に往くとします。ある意味では親鸞の師・法然も、そういう理解で、念仏を称えることによって、死んだら浄土へ行けると考えました。

しかし、親鸞は違います。「(浄土三部経のひとつ)『観無量寿経』の浄土は方便だ」とさえ述べています。方便とは仏教用語で、人を真理に導くための便宜的な手段のことです。『観無量寿経』は、こちらに穢土(汚れた現実の世界)があって、向こうに浄土があって、向こうの浄土を観て、求めて正しい修行をすれば往生して行けるという構図です。そうした世界に往こうと思えば、今往けないから死んでから、ということになります。今の救いではない、死んでからの救いでした。

ところが、それでは親鸞は落ちつきませんでした。「いつか(死後)」「どこかで(浄土)」救われるのではなく、「今」「ここで」多数の仏に守られるのだ、と主張したのです。

Study 13

親鸞の視点② 浄土の教えを百八十度転換

大胆にイノベーションに取り組め

親鸞の言葉

「即」は、すなはちといふ
ときをへず、日をもへだてぬなり
また「即」は、つくといふ
そのくらゐにさだまりつくと
いふことばなり

（『一念多念文意』より）

訳

（即得往生の）「即」とは「ただちに」という意味である。「時間をかけない」「日もへだてない」ということである。また、「即」とは「就く」の意味もある。「その位置に定まる」ことを指す言葉である。

大事なのは「この世を、どのように生きるか」

親鸞は浄土教のイノベーション（革新）にも取り組んだ。親鸞と従来の浄土教との大きな違いは即得往生《そくとくおうじょう》をめぐる問題だ。法然や曇鸞、善導らは念仏を称えれば、死後、浄土に生まれると考えていたのに対し、親鸞は死んだ後のことには、あまり興味がない。**念仏を称えれば、この世で即座に救済される**と考えた。

親鸞は「即は『ただちに』の意味で、時間をかけず、日をへだてず、正定聚《しょうじょうじゅ》の位に定まること」と述べる。正定聚とは不退転《ふたいてん》（退転しないこと）の位を意味し、すでに不退転の位に住しているのだから、信心を抱いたときには救われていると考えたのだ。浄土の教えを百八十度転換する、革命的な発想だったといえる。

即得往生とは

従来の仏教　人間を完成させて救済する。

親鸞　完成させる必要はない。凡夫がそのままで救われる。凡夫のままで仏になるのではない。凡夫のままではあるが、仏の光の中にある。仏の功徳をいただける。

↓

全員が救われる

自力

自分の努力によって救済されるなら、努力を重ねていかなければならない。修行を重ねて仏の境涯に接近していく。

自分 → 仏（阿弥陀仏）

他力（本願力回向）

阿弥陀仏の本願力に任せる。自分から接近する必要がない。本願のほうから接近してきて自分のからだの中に入っていく。

自分 ← 仏（阿弥陀仏）

Column

だんだん良くなるという考え方を否定

親鸞は進歩主義的な考えを否定しました。だんだんと良くなる、念仏すれば少しずつマシになって最終的に仏になる、という発想は聖道《しょうどう》門《もん》の仏法であると弾劾しました。原因（念仏）と結果（往生）が離れているということです。聖道門は能力や才能に恵まれたエリートのもので、広く大衆が行えるものではありません。親鸞は、そういう思考は縦型の考え方だと切り捨てました。努力すれば良くなるというのは縦型の進歩主義的な考え方です。あらゆる仏法は縦型です。それに対して本願の教えは横型であると位置づけました。

如来の光の前に、私どもが恐れているものが明らかに自覚されてきます。そこにおいて、はじめて暗闇を恐れる生き方から脱却できるのです。そして、ダークサイドの罪とか鬼神とか＊冥衆《みょうしゅ》というものから逃げよう逃げようとする心から、むしろ縁があったらまた会いましょうというように、眼《まなこ》が転換できるというのです。それを親鸞は「現世の利益」と言っているのです。

＊冥衆：冥界に住む者の意。梵天・帝釈などの諸天善神や鬼神を含める場合も。

Study 14

親鸞の視点③ 良き伝統は継承し、新しい視点を導入せよ

「悪人こそが救われる」という大逆転の発想

親鸞の言葉

弥陀の本願まことにおはしまさば、（中略）
善導の御釈虚言したまふべからず、
善導の御釈まことならば、
法然のおほせそらごとならんや
法然のおほせまことならば、
親鸞がまうすむね、
またもつてむなしかるべからずさうらふ歟《か》
（『歎異抄』より）

訳

阿弥陀仏の本願がまことであるならば、善導の解釈が嘘のはずがない。善導の解釈がまことなら、法然のおせが嘘のはずがない。法然のおせがまことなら、親鸞の述べることも間違ってはいないだろう

伝統の継承者、かつ新しい価値の創造者であれ

親鸞は伝統の継承者であり、新しい価値の創造者でもあった。親鸞という名前が天親《てんしん》と曇鸞から1字ずつとったことからもわかるように、インド、中国、日本の浄土教の流れに位置しながら、まったく新しい思想を生み出した。

「悪人正機説」が、そのひとつだ。一見奇妙な説のように見えるが、論理を追うと納得できる。というのは、善人には善人ゆえの欠点があるからだ。善人は優れた知恵や能力を持っているので、自力を頼む心が強く、阿弥陀仏の本願にかなっていない。自力の心を捨て、他力を頼めば浄土への往生が可能になるが、なかなか捨てられない。一方、**自分に対するこだわりが少ない悪人は、他力を頼むことに抵抗がない。悪人のほうが、むしろ救済に近い**のだ。

四十八願の第十八願

四十八願とは、阿弥陀仏がまだ法蔵菩薩という名で、仏に成るための修行を行っていたときに立てた48の願のこと。特に「第十八願」（下記）が重要視される。

たとひ、われ仏となるをえんとき、
十方の衆生、至心に信楽して、
わが国に生まれんと欲して、乃至十念せん。
もし、生まれずんば、正覚を取らじ。
ただ、五逆（の罪を犯す者）と正法を誹謗する者を除く。

（『大無量寿経』より）

訳

たとえ、私（法蔵菩薩）が仏になろうとしたとき、十方の衆生が心から教えを信じ、わが国（極楽浄土）に生まれようと思い、念仏を称えたが、浄土に生まれることができなかったら、私は正覚をとらないであろう。ただし、五逆罪（※）を犯した者と正法を誹謗（※）した者は除く。

※五逆罪：父を殺す・母を殺す・阿羅漢（仏道修行者）を殺す・仏の身から血をいだす・和合僧（仏教教団）を破戒する、の5つの大罪。
※正法誹謗：仏の説いた教え（正法）、特に浄土経典を非難・中傷すること。

解説

善導は「当然、五逆罪を犯した者も誹謗正法の者も救われるのだが、あえて、この一節を入れたのは、衆生がこの2つの罪をつくらないように、あらかじめ抑止しておくためだ」と理解した。重罪を犯さないように厳しい言葉で制止したと解釈したのだ。

法然も、この立場をとるが、親鸞は、さらに一歩進め、浄土の教えの主眼は悪人救済にあると断言した。「悪人も助ける」から「悪人こそを助ける」への大転換。罪障は重く、煩悩は盛んで、いいところは何ひとつないような末法の衆生にも浄土への道を開いたわけだ。

Column

なぜ善人も悪人も救済されるのか

念仏を称えれば、なぜ善人も悪人も救済されるのかといえば、如来（仏）はすべての衆生を救済したいという欲望を持っているからです。それを如来の欲生心《よくしょうしん》といいます。自分の中に起こる欲ならすぐわかります。おいしい物を食べたいとか、あれが欲しい、これが欲しいなど、たくさんありますから。「この世は苦しい地獄の世界だから、浄土に行きたい」という欲も欲生だと思います。もっとも、そういう欲は人間の欲だから、如来の欲とはいえません。

如来の欲とは、十方衆生に往生して欲しいという欲です。十方衆生を救いたいということです。「利他即自利《りたそくじり》」「自利即利他《じりそくりた》」の完全満足を一切衆生に与えたいという欲を持っています。『教行信証』には「欲生心成就」という文があります。また、「本願成就」という言葉もあります。これは、如来の欲生心・本願が成就された、という意味です。お釈迦さまが本願の教えを説くことは、その本願の教えを聴いた衆生の上に如来の願いが成就するということです。

Study 15

親鸞の視点④　流罪のピンチを布教のチャンスに生かす

ピンチをチャンスに変えよ

親鸞の言葉

大師聖人もし流刑に処せられたまはずは、
われ又配所に赴《おもむ》かんや
もしわれ配所におもむかずんば、
何によりてか辺鄙《へんぴ》の群類《ぐんるい》を化せん

（『親鸞伝絵』より）

訳　法然聖人が流罪にされなかったとしたら、私も流罪にされて配所（越後）に行くことはなかったであろう。もし、私が配所に行かなかったら、どのようにして地方にいる人々を教化することができたろうか。

意気消沈していては突破口は開けない

親鸞最大のピンチは、法然教団が弾圧を受け、自身が越後に流されたときだといえる。順調に発展を遂げた法然教団だったが、後鳥羽上皇《ごとばじょうこう》の怒りを買い、専修念仏は禁止され、法然の弟子4人は死罪、法然と親鸞らは流罪に処せられた。

決して楽ではなかったはずだが、親鸞は「流罪にされなかったら、その後、関東へ移住することも、関東で多くの人々を教化することもなかった」と前向きに捉える。実際、**流罪を許された後、常陸《ひたち》を拠点に布教を進め、親鸞教団ともいうべき一大勢力を築き上げた。最大のピンチを見事にチャンスへと転換したのだ。**もっとも、ピンチのときに意気消沈していては突破口は開けない。「ピンチをチャンスに変えてみせる」という強い意志を持つ必要がある。

法然教団への弾圧

法然教団の発展
→ 既存仏教からの猛反発
→ 既存仏教が権力者に働きかける
→ 後鳥羽上皇は法然に好意的で、厳しい処置はせず
→ 法然の弟子と女官のスキャンダルの発生
→ 後鳥羽上皇の怒りに触れ、専修念仏の禁止、法然教団の処罰など厳しい処分が下る
→ 法然は讃岐《さぬき》へ（土佐説もあり）、親鸞は越後に流された

ピンチをチャンスに変えた親鸞

流罪（ピンチ）→ 関東への布教（チャンス）

Column

スタート時点でゴールのイメージを描け

道を求め、教えを聴いたり、修行したりしていても、ちゃんと実を結ぶのかどうか、本当にこの道を歩めば自分は助かるのだろうかという不安な状態になるものです。途中で求道が挫折したり、あきらめてストップしたりすることが多い。まして、ピンチが訪れると、パニックを起こしてしまい、この道を歩むことに自信がなくなります。

ところが、菩薩道の「初歓喜地」に至れば、もはや途中で挫折することはありません。その道を行ったら確実に仏になれることを確信できるからです。

私たちにあてはめれば、プロジェクトや仕事がスタートした時点で、成功のイメージを描くことです。最初にゴールをイメージする。どんなプロジェクトでも、途中で、いろいろな問題が発生し、ピンチが訪れることも少なくありません。そんなとき、ゴールのイメージさえ揺るがなければ、ピンチをチャンスに変えることができます。

賢人の教えから学んだこと

ここまで読んで、思ったこと、考えたこと、ひらめいたことなど、何でも書き込んでみましょう。

参考文献

第1章　現代人よ、今こそ思想を身につけよ！
『読書の技法　誰でも本物の知識が身につく熟読術・速読術「超」入門』（東洋経済新報社）
『私のマルクス』（文藝春秋）
『自壊する帝国』（新潮社）
『神学部とは何か　非キリスト教徒にとっての神学入門』（新教出版社）
『人たらしの流儀』（PHP 研究所）
『国家と神とマルクス　「自由主義的保守主義者」かく語りき』（角川書店）
『はじめての宗教論　左巻　ナショナリズムと神学』（日本放送出版協会）
『はじめての宗教論　右巻　見えない世界の逆襲』（日本放送出版協会）
『帝国の時代をどう生きるか　知識を教養へ、教養を叡智へ』（角川書店）
『獄中記』（岩波書店）
『同志社大学神学部』（光文社）
『人間の叡智』（文藝春秋）

第2章　ニーチェの言葉から、明るく前向きな生き方を学ぶ
『超訳 ニーチェの言葉』（ディスカヴァー・トゥエンティワン）
『生きるための哲学　ニーチェ［超］入門』（ディスカヴァー・トゥエンティワン）

第3章　ドラッガーに学ぶ 自己実現のためのマネジメントの心得
『仕事の哲学』（ダイヤモンド社）
『経営の哲学』（ダイヤモンド社）
『歴史の哲学』（ダイヤモンド社）
『変革の哲学』（ダイヤモンド社）
『ドラッカー　時代を超える言葉』（ダイヤモンド社）
『100 分 de 名著　ドラッカー「マネジメント」』（NHK 出版）

第4章　アメリカ現代思想を通じて「自由」と「平等」のあり方を学べ
『アメリカを動かす思想　プラグマティズム入門』（講談社）
『はじめての政治哲学　「正しさ」をめぐる 23 の問い』（講談社）

第5章　親鸞の教えに学び、より良い「生」を手に入れる
『はじめての親鸞』（聖文舎）
『人間の大地に立つ』（草光舎）
『〈親鸞〉と〈悪〉』（春秋社）
『親鸞に学ぶ信心と救い』（法藏館）
『知識ゼロからの親鸞入門』（幻冬舎）
『親鸞思想の原点　目覚めの原理としての回向』（法藏館）

〈プロフィール〉

佐藤 優（さとう　まさる）

1960年東京都出身。同志社大学大学院修了後、ノンキャリアの専門職員として外務省に入省。2002年、背任と偽計業務妨害の容疑で逮捕される。この逮捕劇を描いた『国家の罠―外務省のラスプーチンと呼ばれて』（新潮社）が毎日出版文化賞特別賞を受賞。外交・安全保障問題やインテリジェンス、思想、勉強法の分野などでも精力的に活動中。

白取春彦（しらとり　はるひこ）

作家。青森県生まれ。獨協大学外国語学部ドイツ語学科卒業。1979年、ベルリン自由大学に留学。哲学・宗教・文学を学び1985年帰国。帰国後は文筆業に従事し、宗教と哲学に関する入門書、解説書の執筆を手掛ける。2012年に出版した『超訳　ニーチェの言葉』（ディスカヴァー・トゥエンティワン）がミリオンセラーとなった。

上田惇生（うえだ　あつお）

ドラッカー学会学術顧問・ものつくり大学名誉教授・立命館大学客員教授。1938年埼玉県生まれ。64年慶應義塾大学経済学部卒。経団連会長秘書、国際経済部次長、広報部長、ものつくり大学教授（マネジメント、社会論）を経て現職。ドラッカーの主要著作のすべてを翻訳。ドラッカー自身から最も親しい友人、日本での分身とされてきた。

小川仁志（おがわ　ひとし）

徳山工業高等専門学校准教授・哲学者・哲学カフェ主宰。1970年京都府生まれ。京都大学法学部卒業。2008年、名古屋市立大学大学院博士後期課程修了。博士（人間文化）。大学卒業後、伊藤忠商事入社。2001年名古屋市役所に入庁。2007年より現職。2011年度に米プリンストン大学客員研究員も務める。専門は公共哲学および政治哲学。

本多弘之（ほんだ　ひろゆき）

親鸞仏教センター所長・本龍寺住職。1938年生まれ。東京大学卒業、大谷大学大学院修了。大谷大学助教授を経て2001年より現職。本龍寺（東京・台東区）住職。親鸞研究の第一人者であり、親鸞仏教センター所長として親鸞の思想解明に取り組みつつ、親鸞の教えを一般にもわかりやすく解説する活動も行っている。

賢人の思想活用術

2013年9月25日　第1刷発行

監　修　佐藤優　白取春彦　上田惇生　小川仁志　本多弘之
発行人　見城徹
編集人　福島広司

発行所　株式会社 幻冬舎
〒151-0051　東京都渋谷区千駄ヶ谷4-9-7
電話　03（5411）6211（編集）
03（5411）6222（営業）
振替00120-8-767643
印刷・製本所　近代美術株式会社

検印廃止

ISBN978-4-344-90276-3 C2095
Printed in Japan
幻冬舎ホームページアドレス　http://www.gentosha.co.jp/
この本に関するご意見・ご感想をメールでお寄せいただく場合は、comment@gentosha.jpまで。